幸福純度100%の自分を生きる本

How to Fill Your Life With 100% Pure Happiness

運を引き寄せる生活365日

原田真裕美
Mayumi Harada

青春出版社

はじめに

この本を手に取ってくださってありがとうございます。

あなたの魂がピン！　ときて、ページを開いてみたい気分になってくださったのなら、本当に嬉しいです。なんとなく見てみようかな……程度に感じた方も、実際そうしてくださって、ありがとうございます。

というのも、この「魂がピン！　とくる」感じや、「直感」で「なんとなく感じる……」という気持ちをきっかけにして、「自分を完全に満たすための人生」について考えてみましょう、魂の声を聞きながら、「幸福純度100％で生きましょう！」というのが、この本のテーマだからです。大げさなようですが、これも魂、そして直感のコネクションで生まれたご縁なのだと思っていただけたら幸いです。

幸福純度100％を生きるというのは、「これさえあったら何もいらない！」と毎日の生活の中のあらゆる場面で感じながら生きていけることです。自分が本当にやりたいことができているから、愛する人がいるから、健康で悩みもないから、思い通りに自由に暮らせているから……だから他には何もいらない！　と思えるなら、自分は完全に満たされている状態です。こういった心境は本当の不幸と本当の幸せを体験しないと、なかなか生まれてこないものですが、そんな幸せは純度が高い幸せなのです。

　やりたいことがやれずにいたり、毎日に何か変化を求めていたり、何かが心にひっかかっていたり……。自分の中で、「これって違うんじゃないの？」「このままじゃイケナイ」と思うことを放ったらかしたままで、自分の中の漠然とした「満たされない部分」がどんどん深く、広がっていっていないでしょうか？

「自分を満たす」というと、食欲、金銭欲、愛欲、所有欲、自己顕示欲などの、あらゆる私利私欲を満たすことが頭に浮かぶかもしれません。でも、もう少し発展させて、「自分を完全に満たす」と考えてみてください。さらに、「魂の底から満たされる」ことについて、考えてみてください。自分という世界が拡大して、深みを増していく感じがしないでしょうか。すると、自分の日常のゴタゴタを超えた、もっと向こうのどこかに、本当の幸せとか、満たすべきものがありそうに思えてきませんか。

　そこからもっと発想を拡大して、「自分を完全に満たすための人生」について考えてみてください。今の自分に、何が足りないのでしょうか。何がなくて、何が欲しいのでしょうか。何が変わればいいのでしょうか。「完全に」というのは、どういうことなのでしょうか。一生をかけて満たしていきたいことは何でしょう。「理想の人生の完成予想図を描いてください」と言われたら、それはどんなものになりますか。

自分でどう思うか収拾がつかなくなるかもしれませんが、自分の中の「幸せになりたい」「変わりたい」「満たされたい」という気持ちがどれくらいあるのか、ハッキリしてきませんか？　この「もっと幸せに、もっと自由になって、満たされたい！」という気持ちは、自分が完全に満たされるまで、永遠に消えることはないのです。

「特に幸せでもないけど、決定的な不幸は避けられているから、なんとなく幸せ」くらいの人生で満足しちゃ、せっかく生きているのにもったいない。一日無事に過ごして、自分の命を守ったなら、「その命を何のために使いたいのか」＝「自分の使命は何か」を自分で決めて、そのために一生懸命、まっすぐに生きて、毎日の小さな出来事に達成感と幸せを感じて、迷いや不安を浄化してしまいましょう。

前著『自分のまわりにいいことがいっぱい起こる本』では、「自分の究極の幸せ」「魂的な幸せ」について書かせていただきました。読者の皆さんからは、「どうすれば魂的な幸せを手にすることができますか」「自分の魂の声を聞くには、どうしたらよいのでしょうか?」という質問をいただきましたが、それは、魂とコネクトした（つながった）、魂の喜ぶような生活をすることとです。完全に魂とコネクトした状態を維持できる生活です。

魂とコネクトしているということは、自分が嫌なことには嫌と言えるとか、間違っているものは受け入れないとか、魂レベルで結びつきを感じない人や物事に振り回されないとか、自分にとっていちばん正しいものを迷わずに選べるとか、そういうことです。

魂が喜ぶ生活とは、自分にとって邪道なものに迷わされない、快適で自由で幸せな生活です。

悲しいことがあったり、おさまらない怒りを抱えてしまったり、絶望的でまったく幸せを感じられなくなってしまったときには、「魂の幸せ」について考えてください。生きる目的を感じられなくなったら、とりあえず魂の幸せのために生きると考えてください。

私自身は、何でも「魂」を基準に解決しようとします。たとえどんなに複雑な状況で迷ったときも、まったく選択の余地がない最悪な状態でも、「自分の魂が納得するようにしよう」と決めたら、必ず答えが出てくるからです。

「魂の言う通り…魂の言う通り……」と何度も唱えながら行動しているうちに、自然に自分にとって魂的に意味のあるものだけを厳選するようになります。「魂レベルで通じる人や、志の高い人とだけ仕事をしたい」とか、「魂を浄化してくれる人とお友達でいよう」と思うだけで、人間関係や物事の優先順位が決まり、すべてにおいて、スパッと答えが出てきます。

私は、魂の声と直感で突破口や自分の在り方を修正する方法を見つけて生き延びてきました。私がサイキックとして未来の可能性を観るということは、そうやって物事をありのままに観て聞くということです。誰にでも直感はあるのですが、直感が鋭くても、それを正しく使えないと意味がありません。いつも直感で物事をとらえて、その中から自分に正しいものを、魂で見分けることができるようになるには、毎日の生活の中で魂と直感を活用していくのがいちばんです。

だからといって、いきなり修行のような生活を始めなければいけないわけではありません。普通の暮らしの中でできることがいっぱいあるのです。

私は、なんとなくブルーだったり、怠けモードでグズグズしているときには、「何か魂が喜ぶことをしよう」と自分に言い聞かせると、いつの間にか動き出して、アロマオイルをたいて、窓を開けて、インスピレーションの湧く本にパラパラッと目を通して……どんよりした頭をスッキリさせるために、シャワーを浴びて、石けんの香りとお湯で頭をほぐして、髪をタオルで乾かしながら窓の外を見て……そうしているうちに、自然と「今日は(魂のために)これをやろう!」と具体的なアイディアが出てきます。

魂と直感が冴えるような生活環境に身をおいて、魂の底から本当に求めているものを敏感にキャッチして、自分を満たしていけば、毎日少しずつ「完全に満たされた自分」に近づいていけるはずです。そんな実感をつかんでいただいて、それをわかち合っていただけることを願っています。

原田真裕美

●幸福純度100%の自分を生きる本●もくじ●

Introduction

幸福純度100%の自分になる「魂的生活」のすすめ

——もくじ——

Chapter 3 からだの中から幸運体質になる「食事法」

Chapter 4 やるべきことが見えてくる「夢の扉」を開きましょう

Chapter 6

完全に満たされた「自分」になってしまいましょう……199

本文イラスト　戸塚恵子
本文ＤＴＰ　ティープロセス

Introduction

幸福純度100％の自分になる「魂的生活」のすすめ

「何かが違う」「このままじゃいけない」……それは、魂からの叫びです

健康で、仕事も順調で、平和に何不自由なく暮らせていても「何かが違う」「このままじゃいけない」と焦りのようなものを感じることがないでしょうか。

これは自分の魂の悲鳴なのです。

人はある時期が来ると、成長して次のステージに進まないと、いてもたってもいられなくなるもので、これは常に自分を向上させようとする魂の現れだと思うのです。健康な魂の人は、いつも何か新しい目標に向かっていないと、そのまま退化して朽ち果てていきそうで、怖くなってしまうのが普通なのではないかと思います。

はっきりとした理想が観えていなくても、魂の中には自分が求めるべき正しい在り方というのがあって、今の自分はそれとズレているから、生活は順調でも焦りを感じてしまうのでしょう。魂が「妥協してるでしょ?」と問いかけているのを無視して、そのまま突き進んではいけません。

現状を変えるのは難しいから「仕方ない」と曖昧なままでいると、そのうち魂のスリ減

るような思いをするところまで、自分を追い詰めてしまうことになります。人間関係に対しても、仕事に対しても、恋愛に対しても、本当の気持ちを曖昧にしている自分が嫌になったときの嫌悪感はすさまじいものです。

どこにもぶつけようのないイライラが身体中を駆け巡って、自分や周囲の人を責めたり、傷つけたりしてしまったり、口を開けば文句や泣き言ばかりが出てきたり、世の中のものすべてが嫌になったり……。それはまるで魂が自分を守ろうとして、イライラの根源をはね除けようとしているかのようです。

本当に幸せな道を歩んでいきたいのであれば、自分の理想に向かって方向転換するしかありません。でなければ、後悔だらけで一生を生きていくことになってしまうかもしれないのです。

それを知っていながら、何も変えられず、「年ばかりとっていく」と嘆いてしまうのは、自分の魂が「死」という限界を自分につきつけて、「時間がなくなる前に人生観を変えなさい」と言ってくれているのがわかるからでしょう。

魂が望んでいるのは「完全に満たされること」で、「今のままじゃ、いつまでたっても完全に満たされることなく一生終わってしまう！　あきらめたくない！」ともがいているのです。ですから、「仕方ないや〜」が溜まりに溜まって、その中に溺れてしまう前に、魂の叫びを聞いて、自分への言い訳や曖昧さを断ち切っていきましょう。

いつでも、あなたは新しい一歩を踏み出す扉の前に立っているのです。

「完全に満たされた生活」というと、経済的にとか、恋愛、人間関係、仕事、健康などで満たされることを私たちは考えてしまいがちですが、それは究極の幸せに近づくきっかけのようなものです。魂が求めているのは「すべてを欲しいままに手にいれる」といった自分の欲望を満たすだけのレベルのことではなく、もっと不変の永遠の幸せなのです。

直木三十五氏の著書に、「心も、もうなくなってしまっていた、身体もなかった。その光明の内に融けていって純一無雑、ひとつの透明な歓喜体になっていた」という表現があるのですが、魂が喜んで満たされている状態とは、まさにそういう感じです。この状態が自分の魂に深く根づいていれば、どんなに日常生活でアップダウンがあっても、「自分の中に住む永遠の幸せ」を感じ続けていられるのです。本当に幸せな人というのは、そういう人ではないでしょうか。

魂の声、直感の声

私たちがシンプルに「幸せ」を感じられるとき、たいてい魂は健康な状態にあります。そして、魂が健康だと、私たちが幸せになるために大きな力を発揮する「直感」が冴えてきます。

物事に対する第一印象や、「このままいったらこうなるんじゃないか」と予想することがありますよね。

この「直感」は誰にでもあります。強く感じるか、あまり感じないか、それを使うか使わないかなどの個人差はありますし、（私のように）誰に対しても直感が働く人もいれば、自分のことや仕事に関することにだけ直感が働くという人もいます。魂の存在は感じるけれど、直感はあまり当たることがナイと思う人もいますし、直感は強いけれど自分の思い通りには暮らせていないという人もいます。例えば、絶対ダメになると直感でわかっている恋愛にあえて突進して、やっぱり失敗する人がいるように……。

よく「自分にも未来が観えますか。できるとすれば、どうすればよいのでしょうか」という質問をお受けしますが、私は誰にでも常に未来が観えていると思います。

ただ、未来が「観えているのに観ていない」、魂の声が「聞こえているのに聞いてない」というのが実のところではないかと思います。ではどんなときに「観ていない」状態になりやすいのでしょうか。

1．習慣をあてにしすぎたとき

日頃よく経験していることは、だいたい次にどうなるか知っているので、直感を使うほどのことはありません。変わりない生活をしていると、そんなに驚くようなハプニングが起こる確率は少ないでしょうから、未来をあてにしてしまいます。すると未来を「観ていない」ことになります。

2．欲にごまかされるとき

物事を予想をする際に、「こうなってほしい」という自分の希望が強くなりすぎると、物事の真相が見えなくなってしまいます。

例えば宝くじや競馬は、「当たってほしい」という強烈な欲求が、直感を無視してしまうので、脳裏に「はずれる」と出ていても買う人が多いのではないでしょうか。自分の欲や憶測が強いときに、直感を使おうとするのはかなりのリスクがあります。いったん欲望が先走りしてしまうと、無理をして幻想を見るようになってしまいます。すると未来は観えなくなります。

3．慎重すぎるとき、自分を否定したとき

私たち日本人は、「……かも」とか「よくわからないけど」といった表現をよく使いますが、これは、優柔不断さや間違ったことを言いたくない、という自信のない気持ちの現れです。自分の発言に慎重になっているとも言えますが、直感力を使えるようになりたい人は、「こんな感じかも……だけどよくわからない」ではなくて、「よくわからないけど、ハッキリしないけど、こんなふうに観える、感じる」というふうに、曖昧さもハッキリ感じて把握できるようにしてください。すると、「何でかわからないけど、わかる！」ようになります。

確実に未来をとらえていくには、毎日の生活の中でも常に直感を走らせて、それに慣れ

ることが大事です。初対面の人と会ったとき、なくした物を探すとき、身近な人のことを親身になって察するとき、誰かに電話するタイミングをはかるとき、約束を交わすときなどは、いつもより直感が働きやすくなっていますから、それがどれくらい正確か知っておいてください。

自分の直感が強く働いているとき、次のようなことを体験することがあります。

あなたの直感力をチェックしてみましょう！

・電話がかかってきたら、それが誰からかわかる。
・ふと思い浮かんだ人から電話がある。
・なんとなく思いついたことが、不意に現実になる。
・食べたいと思ったものを誰かが持ってきてくれる（またはその逆）。
・バスや電車が着くタイミングと、自分が停留所やホームに着くタイミングがいつも合う。

こんな体験があるなら、あなたの直感はまずまず好調に働いています。
この力がもう少し強くなると……。

・知人に出くわしたときに、「ちょうどあなたの話をしていたところだった」と言われる。
・知人に電話をしたときに、「たった今電話をしようと思っていたところだ」と言われる。
・見たことがない商品でも、「こんなのが欲しい」と思っていたら、イメージ通りのものがすぐ見つかる。
・「これについて知りたい」と思った情報が、その直後テレビや広告に紹介されている。
・これから行こうとするお店が開いているかどうかわかる。
・その日の目的をどれくらい果たせそうかわかる。
・面接や商談の手応えが前もってわかる。
・いろいろな予感があたる。
・思いつきで行動したことが、数珠(じゅず)つなぎに、次々とよい結果をもたらす。
・会いたいと思っていた人に不意に会える。
・探しものがすぐに見つかる。
・知らない土地でも道に迷わない。
・人との相性がすぐ読める。
・人の性格やエネルギーが読める。

さらに直感力を磨いていくと、その場にいない人の状況がわかったり、遠くにいる人に自分の気持ちが伝わったり、思ったことがどんどん叶ったり、先のことを予知して行動することを習慣づけることができるようになります。

正しく未来を予想して、正しい人生の選択をするには、健康な魂と直感を一緒に作動させないといけないのです。魂の役割は自分にとって正しい物事、自分が本当に求めている物事を見分けること、直感の役割は物事の真相をそのままとらえることです。直感で自分の魂の求めるものをどんどん厳選していく生活が、自分の理想の生活を作り上げていくのだと思います。

「幸運を引き寄せるパワー」は誰でもみんな持っています

さて、私のようなサイキックというのは、時間と空間を超えて、過去や未来、現在を透視できる能力を持った人のことです。

この能力をどれくらい使いこなせるかどうかは、個人差がありますが、エネルギーを察し、未来を予知できる能力というのは、基本的には私たちみんなが持ち合わせているものなのです。

自分で何かしたいと思ったら、経験がなくても直感的に「大丈夫。なんとかなる」と自信を持って行動する。なんとなくでも予感があれば、それをちゃんと覚えておく。予感通りに起こったときに備えて心構えをする。カンを頼りにその場の状況を的確に判断する。先を見越して的確に行動する。人の気持ちを察してあげる。気になったことはその瞬間を逃さずに、言葉にする。慣れないことのタイミングをはかる。

そんなふうに直感をうまく使える人を私は、「コネクトしている人」と呼んでいます。どんなに鈍感だと思っている人でも、窮地に追い込まれれば、とっさに直感で判断するものです。

恋愛して相手のことを思えば思うほど、カンぐるようになりますし、買い物するときも、レストランを選ぶときも、仕事、旅行、車の運転、探しもの、料理をするときなども、かなりの直感を使っているのです。

「あなたもサイキックですよ」と、私ひとりではなく、世界中の良心的なサイキックやスピリチュアリストが言っているのですが、お料理がどうしてもできない人がいるように、歌がどうしても歌えない人がいるように、どうしても直感がうまく使えない人がいます。

「自分でも未来が観えている気がするけれど、それが直感なのか、自分の意識が強すぎるのか、そうなりたいという願望が強すぎるのか、全然わからない」というのが、多くの人の本音だと思います。

「気のせい」という言葉がありますが、まさしく、直感の「気」のせいです。それなのに「気のせい」＝「思い違い」というように考えがちなのは、その感覚が「直感」なのか、自分の「期待」や「憶測」や「勘」なのか、その違いがちゃんと把握できていないからでしょう。

何か気になったり、気がついたり、「気」のせいで何か感じたときは、それが「直感」「期待」「憶測」「勘」のうちのどれで、「どんな気がしたのか」を明確に把握するようにしてください。

「一生懸命、感じて観じる努力をする」というのは、逆毛(さかげ)がたつくらい神経を張りめぐらせばいい、というものでもありません。一生懸命、自分を信じて感じる、ということです。まずは、あるがままを受け入れられるように素直でいることが基本です。直感のアンテナが全開しているときは、膨大な情報が常に飛び込んできますが、あわてず、迷わず、冷静に、その情報を何に使うのか、何の意味があるのか、または意味がないのかなどを判断するようにしてください。

サイキック・パワーを上手に使いこなすための基本は、直感と自分の強い希望や憶測の違いを正確に判断できるかどうかということです。

そして、もうひとつ。自分の直感を信じる自信のなさや、読みを間違って失敗する不安が、まず障害になるということです。

「将来が観えたらな〜。でもやっぱり、そんなものが観えたら怖いかも……」そんな気持ちで、自分の中の力に興味はあるものの、いざ体験するとなると億劫になってしまったり、自分のカンだけを頼りに、「なんとなく……」としか説明しようがない、物理的な根拠のはっきりしないものをあてにするのが怖かったり……。前例や知識などの裏づけがないと不安なようでは、いつまでたっても自分のサイキック・パワーをフル活用することはできません。

魂の声や直感というのは、「信じる」といったレベル以上の「そうであると知っている」といった絶対的な感覚です。

とにかく根気よく、自分の魂の声、自分の直感は何を知らせてくれているのか、自分の希望や期待は何か、未来はどんなふうになるのか、時間をかけて繰り返し自問してみてください。何の根拠もなく「きっとこうなる」と確信が湧いてきて、それが実現したら、自分の中に眠っていた能力が活発になってきたのだと思ってください。これが自分以上の力にアクセスする第一歩です。

自分の夢を夢で終わらせないために、自分の想像を遥かに超える力に近づいてゆく努力をしてみましょう。

人生を最大限に生きるには、魂が喜ぶ生活から

自分で自分の可能性に限界をつくらず、人生を最大限に生きよう！　という気持ちで想像力をどんどん発展させていけば、自分の人生はどこまでも広い宇宙の果てまでも広がっていくのです。

人生のどんな難関でも、自分が直面している物事に対して、直感で「イエス」と感じるか、「ノー」と感じるか、やるのか、やらないのか、お腹の底から「イエス」と感じるものはどっちか、どちらを取れば魂的に自分が磨かれるのか……。そんな自問自答を繰り返

しながら、自分の魂が喜ぶかどうかという基準で物事を価値判断すれば、必ず自分にとって最適な答えが見つかって、いちばんいい道が切り開かれていくはずです。

よりよい生き方、よりよい直感の使い方を、生活そのものから学んでいく楽しみを自分のものにしてください。自分の目に見えていることや、想像を遥かに超えるところある、自分が願ってもみなかった可能性やきっかけに心を開いてください。人生の不思議、醍醐味、人間のはかり知れない能力や底力に触れるスリルを求めて、アンテナをはりめぐらせてください。それによってもたらされる幸せや愛情の深さを感じてください。ポジティブな軌道をつくって、それに乗ったら何がなんでも降りないでください。スピリチュアル・ジャーニーを楽しんで、自分が魂の底から幸せになるために工夫をしていきましょう。

コラム

魂の声は、こんなふうに聞こえます

誰でも何か直感的に「こうなるんじゃないか」「これはダメだ」と感じることがあるのではないでしょうか。

でも、それが自分の魂の声なのか、単なる一時的な思いつきか何なのか根拠がわからないから、とそのまま放置してしまっていませんか。

自分の中に聞こえた声が何かを知って、それについてどういう行動がとれるか自分で納得すると、迷わされることもなくなります。これらはすべて、自分へのメッセージなので、放っておいてはいけません。

私は「自分の中で聞こえる声」が次のように区別できると思います。

1・魂の声

2．直感の声
3．意識（頭）の声
4．肉体的な欲求の声
5．スピリチュアル・ガイドの声
6．先祖や知人の霊の声

この声というのは、実際に聞こえるような気がしたり、単に感じたり、人によって受け止め方はそれぞれですが、ここでは「聞こえる」と表現させてください。

1．魂の声
魂の声は「正しいこと」や「真実」に敏感に反応する声です。「ピン！　とくる」という感覚といえばわかりやすいでしょうか。

私は、魂の答えはイエスかノーかのどちらかしかないと感じるのですが、自分が正しいときは、「Ｙｅｓ！」とピンとくる返事をくれて、「Ｎｏ」の場合は拒絶反応がくるか、まったく反応がないか、「全然ピンとこない」といった、何か納得いかないような感じがします。魂が本当に求めることに出会って、「Ｙｅｓ！　Ｙｅｓ！　Ｙｅｓ！」と理由もなくどんどんそちらに引き寄せられるような体験をされたことはないでしょうか。

2・直感の声

「魂の声」と、「直感の声」は、ピンとくる感じは同じです。魂の声には「自分に正しいもの」という不変的な答えが秘められています。直感は「これはこうだよ」と物事の真相をあるがままに表現してくれます。

例えば、直感が「（物などを）きっとなくすよ」と言っても、意識が「気をつけるから大丈夫」と邪魔をして、後でやはり物をなくしてしまったり、「この人を信じちゃいけない」という直感のメッセージを無視して、気を許したら、やっぱり騙されてしまったり。不慮の事故や物事の突然の変化など、常識では考えられないような答えも出てきますが、結局は物事が起こってからでないと理解できないことが多いというのが難しいところです。

3・意識（頭）の声

自分の知識や経験、自我などからくる声です。そしてよく直感の声と衝突します。自分の本音とたてまえ、憶測、期待、恐怖、不安、他人の意見などの全部がこの意識の声に含まれているので、自分を混乱させます。判断ミスは、この意識の声に振り回されて、直感や魂の声を無視してしまったときに起こります。

「自分がどうしたいのか、全然わからない！」というときは、この意識の声と次に説明する肉体的な欲求の声に振り回されています。頭は興奮しているのに、実際はどうしたらいいかわからなくて、足は動かないまま、手だけバタバタさせることがありませんか？　そして、結局は何もできないことが多いのではありませんか？　意識の声ばかりに気をとられて頭が先走っていると、身体が硬直して胸から上にエネルギーが集中するような感じがするのです。

4・肉体的な欲求の声

意識があってもなくても肉体は機能していますから、この声は、聞こえてくる前に、すでに私たちを支配していることが多いのです。自分が無意識にやっていることが、肉体の意思や欲求の現れです。

肉体にとっては快楽がGOサインで、苦痛はSTOPサインです。快楽なら「やめない」、苦痛なら「やらない」と答えるのが肉体の声です。そして、いったん快楽に走りはじめると、身体が壊れるまで歯止めがきかないという弱点もあります。肉体が悲鳴をあげる頃には、かなり健康を害しているので、意識でそれをコントロールしてあげないといけないのです。肉体の声と意識の声のコントロールが私たちの毎日の葛藤です。

5・スピリチュアル・ガイドの声

これは、一般的にスピリチュアル・ガイドとか、ガーディアン・エンジェル（天使）、フェアリー（妖精）、守護霊などと呼ばれるものの声です。

声の出どころには人それぞれ感じるものが違うと思いますが、自分以外の誰かで先祖でも知人でもなく、自分の魂でも直感でもなく、いつも自分を高尚なゴールに向かって導いてくれる、そんな頼りになる声がしたら、自分にはガイドがついていると思っていいでしょう。この声は自分自身に絶望したときでも、自分の魂が完全にシャット・ダウンしてしまったときでも、なんとか自分を引っ張り上げてくれる、命綱のような存在の声です。ですから、本当に窮地に追い込まれないと聞こえない声かもしれません。

この声の出どころは前世で自分が崇拝していた人物や、自分が求める高い志を持った人物の霊など、いくらでも想像を巡らせることができます。この声が誰のものかというのは、自分に示された非常に高い魂レベルのゴールに近づかない限り、わからないものなのではないでしょうか。いちばん高尚な自分と考えてもいいと思います。

この声のアクセスの仕方も様々で、実際に声が聞こえたり、タロット・カードや水晶占いなど、何らかの媒体を通して答えをくれたり、イメージとして自分の中に現れたり……。何も感じないという人でも、自分の向上心を満たす努力をしていれば、ある日突然、自分を先導してくれる力の存在に気づくかもしれません。それをスピリチュアル・ガイドと呼ばなくてもかまいません。ただ、そういう力が存在するものなのです。

魂は「Ｙｅｓ」「Ｎｏ」で答えてくる。直感は物事の真相を観せてくれる。スピリチュアル・ガイドの声は、自分という人間の枠を超えた、大きな課題や目標を投げかけてくれます。魂や直感との対話は、いかにも自問自答しているような感じがしますが、スピリチュアル・ガイドは他の誰かと会話をするような感じがするのも特徴です。

6・先祖や知人の霊の声

これは亡くなった方の霊の声で、向こうから勝手に話しかけてくれることが多いです。例えば何か質問すると、その答えには、その人の生前の習慣や経験、時代の背景などの影響が強く反映されているのがよくわかります。魂そのものは生きているときの状態と同じなので、生前の故人の特徴がよく現れるのです。天に帰依するでもなく、生まれ変わるでもなく、何か気になることがあって、この世にとどまっている霊なので、生前と同じように心の中で話してあげて、「この世のことは心配しないで、天にあがってください」とお祈りしてあげてください。こういった霊の存在は、霊感が強くない人でも肉親を亡くしたりすると、何となく、そこにいるような気がするものです。

Chapter 1

あなたの魂の健康診断をしてみましょう

魂が求めているのは「真実」で、自分が正しいことをしている、本当にやりたいことができていると実感できるときは、ピンときたり、キラキラッと輝くような感じが身体の中でしたり、凛々しくなったり……、自分の魂が喜んでいる瞬間を感じることができます。

「これは本当にいいものだ！　素晴らしい！」と言い切れる心境にあるとき、魂は満たされ、光り輝いて透明になっていると私は感じます。そんなときは最高に幸せです。

ですから、物事の真相が観えていて、無駄な迷いや不安から解放されている、そんな状態を保つことが、魂の健康を保つことだと思うのです。

いま、素直に「ありがとう」が言える自分でいますか？

魂が健康なときは、単純に幸せを感じられます。世の中の美しい側面が視野に飛び込んできて、生きていることの素晴らしさ、人のありがたさを感じ、何に対しても素直に「ありがとう！」と感謝できるときがありませんか？　そんなときは、どんなに問題を抱えていても、ポジティブに考えられますし、直感が冴えて、想像力が湧いて、とてもクリエイティブになれて、意欲と勇気も出てくるでしょう。

魂の健康状態はまず瞳の輝きに現れます。身体は丈夫でも、「やる気」がなくて目が死んでいる人もいますよね。魂が健康で「やる気」のある人は瞳が輝いていて、魂に天の光が降り注がれて、煌々（こうこう）と輝いているのがキラキラと見えるような感じがします。こういうときは「やる気」が出て、「元気」になれます。

魂が輝いていないと、たとえ身体は健康でも、目はドンヨリと曇って、何をする気もなくなり、何に対してもピンとこなくて、いつものパターンの生活を繰り返すだけで精一杯になってしまいます。

魂が不健康な状態になっているときは、次のようなコンディションが現れます。いまのあなたの魂はいかがでしょうか？

★魂が病んで、闇に入ってしまったときのサイン

カンが働かない、やたら落ち込む、やたら悲しい、すぐに腹が立つ、イライラがおさまらない、アイデアが浮かばない、体調が悪い、胸が苦しい、身体が痛い、何を食べても美味しくない、身体が動かない、何でもネガティブに考えてしまう、浪費がちになる、暴飲暴食になる、睡眠過多、または睡眠不足になる、落ち着かない、集中力がない、人間不振になる、人間嫌いになる、漠然とした不安がつきまとう、自信がない、何かに執着する、ギャンブルや恋愛、買い物などに走る、自分のことしか考えられない、嫌なことが忘れられない、喜べない、死にたくなる、または死ぬのが怖くてしかたなくなる、など。

こういったときは魂は健康ではないのです。早く新しい目標を持って、魂に希望の光を与えないと、本当に病気になってしまうかもしれません。

どうしようもなく落ち込んだり、疲れ果ててやる気がなくなってしまったときなどは、素早く魂のエネルギーを回復するために、次のことをやってみてください。

まずは、休息をしっかりとる。体調を整える。エネルギーを入れなおす。そしてさらにエネルギーを活性化する。この4つです。

もう少し具体的に言いますと、「寝る」「上質で美味しい水を飲む」「上質で美味しい食べ物を食べる」「天窓のメディテーションでエネルギーを入れなおす」。そして、「インスピレーションが湧くような物事に触れて、エネルギーを活性化する」。

これくらいなら、誰にでもすぐに実行できますよね。これを身体のためだけではなく、何でも「自分の魂のために」と意識しながらやると、自分の中の奥深いところにエネルギーが入っていく（または湧いてくる）ことを感じられるでしょう。

よいエネルギーを取り入れて、魂の底から元気になる3つの基本メニュー

その1．まずは寝る！

睡眠は自分のエネルギーをリセットするのに最高の方法です。疲れたときも、落ち込んだときも、対人関係や人込みで様々なエネルギーを吸収してしまって落ち着かないときも、自分を白紙に戻すつもりで寝るのがいちばんです。

お布団に入るときは、ネガティブ・パワー吸収浄化装置に入るようなつもりでスッポリ身をくるんで、サウナで汗を流すようなつもりで、憂鬱（ゆううつ）な気持ちや怒りや悲しみを吐き出してください。

シーツや枕カバーは自分の汗とともにネガティブなエネルギーや古いエネルギーも吸い

取ってくれると考えて、憂鬱な気持ちが消えないときや、新しい自分をつくりあげたいときは、毎日取り替えてください。古いマットレスや布団も、過去からのエネルギーを吸収していますから、悪い時期から抜け出したいときは、まるごと買い換えるのもおすすめです。

気分もエネルギーもリフレッシュさせるために、リネン用のコロンを使ったり、枕にローズやラベンダーなどのポプリを忍ばせるのもよいでしょう。

枕の硬さは好みですが、頭を圧迫しない羽毛枕や、コットンの枕を2個くらい重ねるのがいいと思います。シーツの素材は肌に馴染むもので、心が和むような色合いのものを選んでください。

自分への投資として寝具に凝るのもいいと思います。お気に入りのお布団セットを探しにいくのも、ポジティブな自分をつくる第一歩です。アメリカでは、「怒ってベッドに入ってはいけません」という言い伝えがあるのですが、それくらいネガティブなエネルギーを明日に持ち越すことはよくないことなのです。確かに建設的ではありませんよね。

眠りにつく直前というのは、深い瞑想に入っていくような状態なので、メディテーションには最適です。手足の先から力を抜いて……肩の力を抜いて……お腹の力を抜いて……目の力を抜いて……ふわ～っと浮くようなつもりで……眠りにつく瞬間は誰でも気持ちが静かになっています。このときを利用して、エネルギーの浄化をしてください。

身体に溜まった悪いエネルギーを吐き出すときに、悲しくなったら、涙も流してくださ い。そして、「天窓のメディテーション」をします。

天窓のメディテーションのくわしいやり方は後述しますが、自分の魂の天窓から天の光を取り込んで身体のすみずみに送り込む瞑想です。私は魂がヘトヘトになったときは、自分の身体をジンジャーマン・クッキーの鋳型(いがた)のような容器と想定して、金色に燃えたぎるマグマのような天のエネルギーを、ドーッと自分に流し込むような勢いで取り込むメディテーションをします。

心身共に疲れ果てて、魂もスリ切れてしまったら……。脳に焼きついたネガティブなメモリーをリセットして、身体の節々に溜まった疲れを取ってしまうために、とにかく寝ることです。部屋を真っ暗にして、途中で起きてもまた寝る。魂の底に沈んで布団にはりついたようになって全然かまいません。頭が真っ白になって、寝すぎで身体が痛くなっても頑張って寝ます。そのうち、落ち込んでいたのがウソのようにガバッと起き上がる気になれますから……。

その2．上質の水とよいエネルギーの食べ物を食べる

「食べたものが自分を表す」とも言いますが、食べたもので変化する体型や体調と同じように、魂のコンディションにも大きな影響があると思います。味や栄養と一緒に、その食材のエネルギーを食べているのですから。なので、なるべくよいエネルギーの入った、生き生きした食べ物を食べるようにしたいものです。

まず、お腹をいっぱいにするために食べるのではなく、魂を浄化するために食べると考えてください。きれいなエネルギーを食べて、身体も魂も浄化するのです。そのためには、保存料や化学調味料のような食品添加物が入ったものや加工食品、コンビニ食を避けて、上質の食材を自分で調理することをおすすめします。

少々高い食材を買っても、自炊を徹底すれば、外食のコストが省けます。それに、良質の材料の食べ物は味がよく満足感を与えてくれますから、食べる量を減らせる人が多いのです。ちなみに、過食症の人が食べるものは、ほとんどが加工食品だそうです。

自炊がどうしても無理なら、まずは加工食品ばかりの食事をやめて、上質の水と自家製の野菜ジュースを飲むところから始めてみてください。最初は週に一回でもかまわないので、自分の身体にピュアな水や、新鮮な野菜の命が入っていく感触を実感してください。搾りたての野菜ジュースは、生きてる！　って感じがすごくします。そして、レストランを選ぶときは、自然食や丹精込めて作られたものを食べさせてくれるところに行きましょう。

このような、自分の魂の浄化や、エネルギーのクレンジング、リセットを意識した食事を「クリアー・センス・ダイエット」と私は呼んでいます。このダイエットの第一の目的は、自分の中の純粋で健康なエネルギーに敏感になることです。するとストレスや過食、拒食などのエネルギーの乱れを静めることも可能になることでしょう。長生きできるとか、病気が治るとは言いませんが、基本的にとても健康的なダイエットなので、減量や生活習慣病の予防などにも役立つと思います。

やり方は3章で詳しくお話ししますが、クリアー・センス・ダイエットでは新鮮な有機栽培のお野菜を中心にした食事を理想とします。「そんなの高くて経済的にムリ」「手に入れるのが面倒だし……」という方もいらっしゃるかもしれませんが、手にはいるときだけでも、手間ひまかけて育てられた有機のお野菜を食べて、「違い」を味わってください。同時に、いつも新鮮な有機野菜を食べられる世の中になってくれることを願うというのも、夢があっていいんじゃないでしょうか。

オーガニック食材だけを食べるとか、マクロビオティックの食生活を忠実にこなすのは、かなり難しいのが現状ですが、とりあえず魂の入った食べ物を食べるという観点で、食生活について見直していきましょう。

食材ももちろんですが、お料理をする人のエネルギーも大事です。夫婦ゲンカした日に、奥さんが怒りながら作ってくれたお料理は味気ないし、食べちゃいけないんじゃないかと思う、とおっしゃる方がいらっしゃいましたが、きっとそうでしょう。

あるとき、霊気マスターの方が、気を込めながら作った「玄米と野菜のピラフ」をお鍋いっぱいくださったことがあったのですが、このピラフは時間がたっても味が落ちなくて、何だか生き生きとしていました。材料が有機野菜ということもあるかもしれませんが、彼女はピラフを作るときに、かき混ぜながらポジティブなエネルギーを送り込むようにしたそうです。3日たっても水っぽくならずに、材料のにんじんやひよこ豆、お豆腐、玄米……そしてビチャッとなりがちなマッシュルームまでが、プルンとしている感じでした。

騙されたと思ってお料理する際に気を入れてみてください。お茶やコーヒーをいれるときにも、「美味しくなれ、美味しくなれ」「ポジティブ・エネルギーになれ」と念じてください。材料の味が結束して「元気な味」が生まれます。

エネルギーのよくない食べ物は、食べれば食べるほど食欲が増したり、食べた後に落ち着かなかったり、疲れたり、お腹はいっぱいでも虚しくなったり、だるく眠くなったり、胸やけがひどくなったりします。

食後に、スキッとリフレッシュできて気持ちよくなったら、よいエネルギーの食べ物を食べた証拠と言っていいでしょう。そんな気分にさせてくれる食べ物は何か、自分に合わない食べ物は何か、時間をかけて学んでいってください。

その3．天窓のメディテーションをする

「天窓のメディテーション」は、自分の頭の天辺あたりに天窓があると想像して、そこからエネルギーを取り入れるメディテーションです。

他の誰かからエネルギーをもらうのではなくて、自分がこうして生きている、生命の不思議な力の源を「天」、そのエネルギーを「光」とイメージして、そのパワーをもらおう！　というものです。なんだそれは？　と思う人もいるかもしれませんが、太陽の光を浴びて元気になる、くらいの感覚でやってみてください。効果抜群ですよ。

「魂のエステ」とでも言いましょうか。このメディテーションは、慣れるまでは静かな場所で行ってください。就眠前や仮眠をするときにやるのがいいと思います。

このメディテーションをするにあたって、最初に次のようなことを想定します。

私たちの住む世界の天上（宇宙）は、生命力の源である天（宇宙）のエネルギーで満たされています。自分の頭の天辺に天窓があって、全開していると、そこから天のエネルギーが光となって降り注いできて、その光を吸収した魂や心は煌々と輝きます。そんなとき、人はキラキラと輝いて見えます。その人は天の光そのもののように眩しく輝いて、まわりの人が見ているだけで元気になるような存在になります。そんな人に出会ったことはありませんか？

人が天の光を取り込んで生命力を増すと、インスピレーションがどんどん湧いてきますから、何でもできそうな気分になって、希望に満ちあふれます。子どもが天真爛漫(らんまん)なのは、この天窓が開ききっているからでしょう。

この天窓の開き具合は、自分の魂や心身の状態に大きく影響します。心配事や怒りで頭がいっぱいになると、まるで頭を抱え込んだように、天窓の開きが悪くなってしまいます。放っておくと遂(つい)には閉じてしまって、魂にまったく光が入らない状態になって、それが長く続くと魂が病んでしまいます。この「病み」というのは「闇」ということです。肉体でいえば、陽の当たらない場所にずっといるようなものです。

天窓からどんどんエネルギーを吸収すれば、煮詰まった思考や滞った気の循環がよくなります。あなたの天窓が全開していたら、輝くあなたの魂の光に魅せられて、同じような輝きを持った人々が集まってくるでしょう。あなたの魂が導いてくれる道を歩けば、不思議なご縁や偶然の出来事が重なって、どんどん幸運を引き寄せることができるでしょう。

★天窓のメディテーションのやり方

肉体的にも精神的にも苦しいときに、この天窓のメディテーションで魂に光を取り入れると、自分と魂のつながり、そして生命力が強くなって、自力で自分を癒すことができるのです。いちばん苦しいときが折り返し地点です。苦しいほど、天の光を吸収する力も強くなりますから、それを信じてください。

まず、仰向け(あおむ)けになって寝た状態、または椅子などに座ってリラックスしてください。心配事や悩み事、いろんな問題に抵抗するのをやめるように、全身の力を抜きます。そしてどこか上のほうに、「天」というエネルギーの塊があると想像して、自分の頭の天辺にある天窓を開けて、天の光が燦々と降り注がれるのをイメージしてください。自分の胸のあたりに、まるい透き通った「魂」があって、そこに頭の天辺の天窓から金色の光のエネルギーが入ってくる様子をイメージし、そのエネルギーを自分の頭の先から足の先、身体のすみずみまで行き渡らせるようにしてください。息を吸いながらも、この光を吸い込みましょう。この天の光は誰でもいくらでも取り込み放題です。

どこからともなく強いつながりを感じて、上に引っ張られるような、背筋が伸びるような、四方八方に自分のエネルギーが拡大していくような、どんどんエネルギーが入ってくるような……そんな感じがしたら、自分がそのエネルギーとコネクト（つながった）されたということです。これで完了です。

取り入れた瞬間に気持ちが晴れることもあれば、そのうち忘れたころに、発火するように効果が現れることもあります。ここは天の光の力を信じてください。

Chapter 2

幸せのパワーを引き出す毎日の「生活法」

私たちには常に明日への不安があり、欲があり、エゴがあり、焦りがあります。

ですから、「魂」や「魂的幸せ」、「自分の人生の真意」や「あるべき姿」なんかより、これからどうなるかわからない現実を心配するべきじゃないか、純粋に美しいだけでは生きていけないんじゃないだろうかと思ってしまうこともあります。

そんなふうに思ったとたん、自分の抱えている細々した問題に人生を台無しにされているような気がしたり、ニュースなどで舞い込んでくる、幸せに生きることをあきらめて不幸の限りを追求しているような人や、自分が生き残るためにならどんな悪いことでもする人など、魂の幸せとはかけ離れた生活をしている人々の存在がより現実的に感じられてしまいます。そして、自分の幸せを見出すことより、そういった悪い人や物事に巻き込まれないようにすることや、「自分の身に降りかかるかもしれない不幸」を避けるのに精一杯になってしまい、「魂の喜ぶ生活」からは縁遠くなってしまいます。

そんな不安を抱えた毎日では、自分も周囲の人も苦しくなってしまいます。これらの不安はすべて自分から生まれるものですから、重苦しい毎日に慣れっこになってしまう前に、自分で浄化してしまいましょう。

毎日の暮らしに「魂が震えるような感動」を忘れていませんか

不自由なく生活できているのに、満たされない。そんなときは、魂に響くような〝感動〟が、日々の生活にないのでしょう。これは大問題です。

魂的幸せとは、お金や物など、実質的なものを得る喜びとは別のところにあります。魂が豊かになっていく、磨かれていく、そういう価値を感じる幸せです。どれだけ感謝し、感謝されているか、どれだけの可能性を感じて夢を広げてゆけるか、どれだけ愛し愛されているか……そういったことで人生を評価していける幸せです。

愛する人や物事のために愛情と努力を注ぐ喜び、苦労が愛や感謝によって吹き飛んでしまう瞬間などを感じられる人は、人生はどんなときも前に進んでいる、プラスに動いていると実感できます。

自分の魂がどこにあるのか、どうしたらその存在を感じられるようになるのか、またはどんな感じがするのが魂の反応なのか、といったような基本的な部分を知っていることが大事です。魂との結びつきが感じられないようなら、「魂が震えるような感動」を求めてください。そういった感動を求め続けなければ、魂は枯渇してしまいます。

「魂が震えるような感動」を与えてくれるものは、けっこう身近なところにあるものです。純粋な魂を練り込まれたような芸術に触れたり、そんな生き方をしている人に触れたりするのも、ひとつの方法です。魂さえ開いていれば、どんな逆境に立たされていても、「空の青さ」や「花の美しさ」「人の慈愛」など、シンプルで純粋に美しいものに触れるだけで、まるでその純粋なエネルギーが自分の魂に浸透してくるように、胸がスキッとして、生きてゆく希望が湧いてくるものです。

便利で手軽な生活が切り離せない人に……。コンビニをルーツに本物を実感しましょう！

忙しい日々の中では、とにかく何事も便利に手早くすませてしまいたいものです。ですから、本当に気をつけて生きないと、毎日を実感して体験して生きるというよりは、ただ用事をどんどんすませるだけの、まるでベルトコンベアーの装置のようなシステマチックな暮らしをしてしまいます。

ところが、お手軽な生活は知らず知らずに魂を鈍らせてしまうのです。

例えば、現代の私たちの生活にとても身近なものになっているコンビニ。コンビニ依存症のような人はいないでしょうか？

コンビニは夜中でも開いていますし、どんなときも何とかなるから安心、いろいろあって楽しいし……そんな心のよりどころにまでなっているような感じもします。

しかし、コンビニ食に依存している人は、手軽な食生活で鈍ってしまった感覚を取り戻すために、しばらくそれを断って、そのかわりにコンビニ商品のルーツの元祖・本物の味を求めて自炊をしたり、旅をしたりすることをおすすめします。

少し発想を発展させると、コンビニは「何でも揃っている便利なお店」以上に、本物の疑似体験ができる、まるでアミューズメント・パークみたいな場所です。値段が手頃で、熟考された商品が並んでいますが、これらのすべてにはその原本となる「本物」があり、それに真似て作られているのがコンビニの商品です。

コンビニ食品の「本物」バージョンを体験するには、実際に最良の材料を自分で集めて、自分の手で試行錯誤しながら「自家製本物」を作るか、またはそれらの食べ物を熟知した人が、時間と材料費と労力を惜しまず作った正真正銘、「極めつけの本物」を買うか、このどちらかですが、それには手間と時間とお金がかかります。

例えばペットボトルの天然水。

そこから発想を広げて、山に行って本物の天然水を飲んでみるのです。ボトルの天然水を飲むだけとは、まったく違う世界観が広がります。本物には感動がついてくるからです！　感動は魂にしみこみます。**この手間と時間をかけて、「本物」を味わう体験を少しでもしているかいないかで、その人の魂の感受性に大きな差が出てくるでしょう。**

魂から発信されている「本物」の答えを敏感に感じるには、本物の手応えがどんなものか実感できること、そして、本物とそうでないものを見分ける感覚が確立されていないといけません。

「本物」を探し求めるのも魂的生活の土台です。

メディテーション効果のある寝室で、眠っている間に生まれ変わる

いつもぐっすり眠れますか？　朝の目覚めはよいでしょうか？

私たちは、朝起きて活動することばかり考えがちですが、たまには「ぐっすり眠るために生活する」と発想を切り替えてみるのはいかがでしょうか。一日の終わりに、静かな部屋で深い深い眠りにつくことができているでしょうか？　毎日充実した、安心できる生活を送れていて、心身共に健康で、自分に合った場所で寝ることができる、こういったことが揃わないと、よい睡眠ができません。

毎日クオリティーの高い睡眠がとれるということは、最高の贅沢ですが、これもクオリティーの高い魂同様、お金で手に入れられるものではないのです。

眠りに落ちる直前の状態は、最も深い瞑想に入っているときと同じような効果があり、常時いろいろな情報が飛び込んでくる頭をリセットするという最高の浄化作用があります。

どこで寝起きしようと、クオリティーの高い睡眠がとれる人は、どこにいてもポジティブでクリエイティブになれる人です。

「どこでも寝られる」というのは「ゆるぎない自信」の証拠。どんな空間も「最高の寝床」＝「魂浄化装置」に変えて、眠っている間にどんどんポジティブなエネルギーを吸収できるように寝室に工夫を凝らしてみましょう。

○まず頭の位置を決めます

寝転んで、頭をいろんな方向に向けてみてください。頭の先からスーッとエネルギーが入ってきて、足の先を通って循環するような、そんな感じがする方向はどこでしょうか。もしくは、落ち着く方向はどの向きでしょうか。

スッポリ自分が収まるような位置が見つかるまで根気よく探してみてください。一回では決まらないかもしれませんので、いろいろ試してみて、いちばん落ち着く位置を選んでください。

日本では北枕はいけないと言いますが、地軸の関係で南北に横たわるのがよいという説もあります。部屋の構造上やベッドの向きで、どうしても自分の好きな方位で寝られない方は、せめてゴロ寝でもいいので、最もエネルギーの入ってくる方位に身体を向けて横たわる時間をつくってください。

○部屋のエネルギースポットを探す

同じ部屋の中にもエネルギーの吹き溜まりのようなスポットもあれば、なぜかその方向を向くとクリエイティブになれる……そんなエネルギーがあふれるスポットがあると思います。またはお気に入りのグッズや鏡、風水のテクニックを活用して、そういうスポットを生み出したり、調整したりしてください。

コンパスを使って、正しい方位を知っておくのもよい目安になります。北極と南極がどちらの方向にあるのかわかっているだけで、自分が地球や宇宙とつながっている感じが強まりますよ！　ちなみに、真北というのは実際の地図上の北よりも少し西にズレた位置にあります。パイロットになったつもりで地軸を感じるのも、ちょっとした感覚の旅です。時間と空間と距離を超えて移動するつもりで、気持ちを北極から南極にグルッと飛ばしてみてください。

○日光を遮断するカーテンやブラインドをつける

真っ暗な部屋では怖くて眠れない、という方もいらっしゃると思いますが、暗い部屋は睡眠を促進してくれますし、集中した眠りをサポートしてくれます。

真っ暗な中で自分の魂と対話をしたり、魂とのつながりを感じながら深い眠りに入ってください。

調子が悪かったら、とにかく延々と眠るのがポイントです。

どんなに怒っていても、傷ついていても、性格の悪い人でも、長い間、昏々（こんこん）と眠れば、天使のような魂に生まれ変われるのではないかと思います。

眠りに落ちる前のリラックスした状態のときに、いいアイディアが浮かんだり、寝ている間に、それまでに学んだことを脳が整理して覚えてくれて、いくら考えても答えが出なかったことや、どんなに練習してもできなかったことが、目覚めたら解決していたという経験もあるのではないでしょうか。

眠るたびに生まれ変わっていると思って、目覚めたら理想の自分に近づいているように、お祈りしてから寝てみてください。

寝ている間に、自分がどんなに努力しても変えられなかったことが、どんどん変わっていくのです。

心が癒され、身体が癒され、頭がよくなり、性格もよくなります。寝ている間に痩せたり、太ったり、筋肉がついたり、背が伸びたりします。眠りは自分を万能にしてくれる魔法ですから、眠る前に、目覚めたら何ができるようになっていたいか、ちゃんとお願いしましょう。「朝、○時に起きられますように！」だけでは、もったいないと思います。

寝る前に種をまいて、目覚めとともに収穫するくらいの気持ちで、眠りを大切にしてくださいね。

古いものをどんどん流し出す、魂清浄効果抜群のバスタイム

何か気がかりなことがあったとき、お風呂の中で湯船につかりながら考えごとをする人も多いと思います。入浴は様々な素晴らしい浄化作用があります。

入浴もメディテーションのひとつなのです。湯船につかりながら、乱れ高ぶった神経を静める。身体をほぐし、皮膚をマッサージしたり擦ったりしながら、凝り固まって溜まり込んでいる考えや感情もほぐす。古く溜まったエネルギーや不必要な感情、意識などを、汗や垢と一緒に身体の芯から皮膚の外へと流し出してしまいましょう。そして、石けんやバスソルトの香りなどで、「気」をリフレッシュさせれば、たとえ問題があってもくよくよ悩まないで、ひたすら新しい突破口を探す元気が湧いてくることでしょう。

忙しくて身体を洗うのが精一杯のときも、シャワーしかできないときも、自分がいらない感情や考えをすべて洗い流すつもりで、このせっかくの機会を有効に使ってください。

悪いエネルギーや古いエネルギーは、垢のように、どんどん溜まっていくものです。洗えば洗うほど、新しいスタートがきれると思ってください。魂も洗うんだ、と思いながら、身体を洗ってみてください。

考えごとに煮詰まったり、仕事がはかどらないとき、嫌な人のエネルギーに触れたときも、シャワーをあびることをおすすめします。自分の中で混乱している気の流れが、水の流れに整頓されます。イオン効果もあることでしょう。

身体や服についた古い匂いも古いエネルギーですから、常に洗って新しいエネルギーに入れ替えてください。

こうして必要ないエネルギーやネガティブなエネルギーを常に浄化し続けて、ひたすら純粋で美しい未来を見つめて生きたい！　と思うだけでも、魂的にとても素敵な気分になれます。

どうしようもなく魂が病んでいるようなときは、ハーブティーをお風呂に持ちこんで、お気に入りの入浴剤を入れた湯船につかって、お茶を飲みながら汗をどんどん流してください。毛穴を通して悪いものがどんどん出ていくようにお祈りしながら。

入浴後は上質のお水を飲んで、水分と上質のエネルギーを補給してください。このときも、新品のエネルギーがお水とともに身体に入っていくことと、魂パワーが全開になることをお祈りしてください。

入浴剤は自分に合うものをじっくり探してみましょう。着色料などの入っていない、天然素材の配合が多いもののほうが、使い心地が優しい感じがします。毎日でなくても、魂も湯船で温めて、ピカピカに磨く……そんな空想をしながら自分のために贅沢風呂をしてみてはいかがでしょうか。

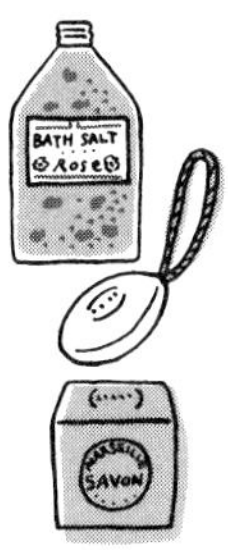

やらなければいけないことがあるのに集中できない……キャビン・フィーバーにご用心！

キャビン・フィーバーとは、部屋の中に長時間いすぎて心身ともにおかしくなってしまうことです。部屋の中から一歩も出ずに黙々と仕事しているときや勉強しているときなどに、集中力がなくなったり、イライラしたり、気がめいったりしたことがないでしょうか。これは、身体の中のエネルギーの出ていくところが足りなくて、エネルギーの循環がうまくいかずに、自分を錯乱させているのです。

私たちが生活している空間には、自分やその部屋にいる他の人のエネルギー、テレビ、電話、コンピューターなどの電気、電磁気……などのエネルギーが渦巻いているのですから、知らないうちにエネルギー的に影響されていると思います。

やらなければいけないことがたくさんあっても、どうも集中できない、行動できない、頑張ろうとすればするほど煮詰まってしまったときは、外に出て少し歩きまわって、エネルギーの調整をするようにしてください。歩いているときは前に進むことにフォーカスせざるをえませんから、四方八方に拡散してしまったエネルギーの焦点を絞るのに役立ちます。そして歩きながら、自分がやるべきことの優先順位について考えてください。

屋内にいるときは、自分のエネルギーが部屋の外にもどんどん出ていくように「気」を飛ばしてください。そしてさらに天や宇宙のエネルギーとコネクト（つながって）していることを感じながら、地球をグルッと回って帰ってくるくらいの気持ちでエネルギーを飛ばしてみてください。

自然のパワーにふれて、自分をリセットしましょう

キャビン・フィーバーのときだけでなく、健康なエネルギーの流れを保って生活するためには、自然のパワーを取り入れるのがいちばんです。

とりあえず5分でも10分でも、面倒くさくても、外に出るのが嫌いでも、思いきって散歩に出かけてみましょう。散歩に出かけるなら、できれば公園など木々のある場所が理想的です。

並木のある通りでもよいでしょう。木々や草花などの、ごく自然な生き物に触れるということは、**自然の法則に従って生きている命のエネルギーに触れるということで、私たちのエネルギーがいかに乱れているか気づくのに役立ちます。**私たちは人や環境のエネルギーに影響されやすいので、「気」のおかしくなっている人や場所に接すると、自分の気もおかしくなってくるものです。

一本の木でも、植木鉢の花でも見つけたら、近くに寄って、その命の流れを感じてくだ

さい。すると、もっと多くの木や花に触れたくなるでしょう。そうしたら公園に出かけてください。それでも物足りなくなったら、山などの自然の中に出かけてください。

こんなふうにエネルギーのリセットを心がけて、魂の声を聞いて、こまめにフレッシュなスタートを切りましょう。

歩きながらできる、魂コンディションチェック

歩くというのはとてもポジティブな行動です。普通は前向きに歩くわけですから、意識が前向きになっています。障害物をよけて目的地につくまで、ひたすら前向きに歩く。人生もこうあるべきですよね。

たんたんと歩いているときはメディテーションに最高です。もちろん、事故に遭わないように、まわりに注意しながら歩かないといけませんが、いい意味で「歩く」ことに身体も頭もとらわれていますから、よけいなことを考える余裕がほどよくなくなります。

こんなときにこそ、ポジティブなことを空想しましょう。

アイデアが浮かんでくるままに、どんどん発想を広げていきます。それを、後で思い出せるかなんて心配しなくても大丈夫です。**本当に自分に意味のあることなら、必ず思い出しますから。**

一歩一歩、歩くたびに地面からどんどんエネルギーを吸収しているような、そんな感じがして、遠くに見える窓からも人の気配やエネルギーを感じられるようなときは、自分の直感が全開してコネクトされています。

冴えているときは遥か遠くの景色や太陽、月などにフォーカスがいきますし、逆に感覚が曇っているときは、自分の足元くらいしか見えません。こんなふうに、歩くときに自分のフォーカスがどこにいくかで、自分の魂のコンディションを知ることができるのです。

足元にばかり目がいってしまって、目先の心配事にばかり心をとらわれてしまっているようなら、立ち止まって、遠くの景色にフォーカスを合わせて、問題が解決したときのことを考えてください。そこから逆算するように解決策を想像してみてください。きっと何かいい方法があるはずと信じて、その答えが飛び込んでくるのを待ってください。

迷ったときは、自分の魂の声を聞くために、ひたすら歩いてみてください。

自分のパワーを活性化するながらメディテーション

メディテーションは、じっと座っているときにしかできないわけではありません。お茶をいれたり、料理をしたり、歩いたり、走ったり、運動したりしながらメディテーションすることができて、逆にそのほうが楽だったりもするのです。

○ジャンプ

気分に勢いが出ないときは、自分のエネルギーを活性化するために、ジャンプしてみてください。自分の内外のエネルギーを揺さぶり起こし、地面からどんどんエネルギーを覚醒させて吸収します。1分間ジャンプした後は、何となく顔がほころんでいるはずです。

○ジョギング

ほんのそこまでの距離でも走ると気持ちの切り換えになります。走ったり歩いたりしてもかまいません。20分もやれば、しばらくよけいなことを考えなくなる状態になります。遠くの自分の目標に向かって走るような、または、どんな問題もいつかきっと乗り越えるぞ！　そんな気持ちで走ってください。走り終わった後には、そのメッセージが焼きついていますから、自然に頑張ろうって思えますよ。

○水泳

水は私たちのエネルギーを整えてくれる、素晴らしい癒しの効果があります。メディテーションをするつもりで泳いでください。自分の第三の目（眉と眉の間）または頭の天辺の天窓から、プールの向こう岸めがけて、エネルギーが出ている様子をイメージします。向こう岸は自分の目標のゴール。自分の目標に向かって泳ぎきるんだと思ってください。

泳ぐのが苦手な人も、浮き輪などでサポートして水中に浮かびながら、この後ご紹介するピラミッドのメディテーションなどをされるとよいでしょう。

○筋力トレーニング

ダンベルを上げながら、第三の目、または頭の天辺の天窓から光が出ているのを、イメージしてください。そしてそれが、天の力、自分以上の力につながっていると想像してください。さらにその力に支えられてダンベルを持ち上げるつもりで、トレーニングを続けてください。どこからともなく、いつも以上のパワーがあふれ出てこないでしょうか。

○イメージ法

自分がピラミッド型のエネルギーの中心にいるとイメージするのも効果的です。

金色のエネルギーが自分を包んで、どんどんエネルギーを送り込んでくれるような……。

「しんどいよ〜」と思っても、こういう自分の意識以上のパワーに支えられて、目標を遂げることがきっとできます。

カラーエネルギーの上手な利用術があります

自分のパワーを色で使い分けるのは、とても効果的です。

一般的に、赤は情熱、白は清潔、青は浄化、などと言われますが、自分の魂に聞きながら、その色が自分にとってどんな感じを与えてくれるでしょうか。温かい感じですか？　冷たい感じですか？　やすらぎますか？　それとも興奮しますか？

今日は自分のエネルギーが熱いので青のエネルギーで鎮静しようとか、緑のエネルギーで和（なご）やかにしようとか、ちょっと元気がないので赤のエネルギーを使おうとか、ピンクのエネルギーで優しい愛情を表現しようとか……。

実際、その色のものを身につけるのもいいのですが、自分でエネルギーの色をイメージして自分の中に溜めたり、自分を包んだり、そんなふうに使ってみてください。

宝石などもそういう使い方ができます。宝石はミネラルですから、地球のエネルギーの産物です。金はエネルギーを温め、銀はエネルギーを冷ましてくれるような感じがしませんか？　プラチナは貫くようなエネルギーがありますから、強いエネルギーを放出したいとき、固い決心や約束をするときなどに使うといいでしょう。

ダイアモンドはポジティブなエネルギーをさらに洗練してくれ、サファイアは迷いやネガティブなエネルギーを浄化し、薄くなったエネルギーを集結させて濃くしてくれます。ルビーは熱いエネルギーや情熱を出しますし、パールはエネルギーを和ませてくれます。

これらは私自身が感じる感覚なので、皆さんもご自分の感性とこれらのミネラルの相性などを体感してみてください。

自分に元気がないときも、身につけた宝石（ミネラル）でエネルギーが調節できたり、キラッと光るジュエリーを眺めるだけで、気持ちもキラリとするような、そんな感覚を上手に利用してください。ただし、自己顕示欲を満たすだけの自己満足に終わらないように。そうやってミネラルから得たエネルギーを何か他の人を励ますために活用することを忘れないでください。

「きれいになりたい」という気持ちは、幸せに輝きたい！　という魂の現れです。

おしゃれをしよう！　とか、格好よくなりたい！　とか、そんなふうに思えるときは、自分を改善したい！　完全になりたい！　満たされたい！　という気持ちが高まっています。魂がどんよりしたときに、パリッとした服や、清楚(せいそ)な服を着て、外見から自分のエネルギーを高めようとするのは、とても効果的だと思います。

ファッションは自分を「言わずと知ってもらう」手段のひとつ。「人は外見で判断される」というのは、避けられない事実でしょう。

着ているもので好感を持たれたり、尊敬されたり、嫌われたり、軽蔑されたりすることが確かにありますし、「ちゃんと見られたい自分」と「人がどう思おうと、どうでもいい自分」という心境の違いが服装に現れることも確かです。服が変われば、自分のいろいろな面でもアプローチが変わって、周囲の人の反応も変わってくるものです。

自分では最悪な気分なときでも、「素敵なドレスね」とか、「カッコいいね」と着ているものを褒めてもらうと、ちょっと元気になるという特典もありますよね。

張り切っておしゃれが楽しめるときは、思う存分盛り上がればいいのですが、いくら外見をよくしても、自分の幸福感や生活、人間関係などが向上しなかったら、「もう何でもいいや……」みたいな状態になってしまいますね。忙しすぎたり、疲れていたり、心配事があったり、体調が悪かったりすると、外見どころではなくなってしまいますが、あまりにも怠惰になりすぎると、不意に鏡やガラスに映った自分の格好を見て、「これじゃあまりにもヒドイな〜!」なんて、よけいに自己嫌悪になることもあります。

テンションが低迷気味でズボラになって、「何でもいい」と思ってしまうときに、何も考えずに着てもそれなりにちゃんとして見える服を用意しておくのは、弱っている自分を精神的に支える一つの方法です。

自分の内面を変えたいとか、もっと成長したいとか、新しい恋愛や生活が始まったとか、何かの節目に着るものも新調するのは、とてもいいことだと思います。思いきって最高の質の洋服を買ってみたり、試着してみるとか。それで沈みきった魂や、自分の向上心がアップするなら、いたって単純で簡単な解決策です。

洋服の印象に自分のエネルギーが影響されて、人に与える印象も変わり得るのですから、上手に利用して自分のモチベーションを高めていきましょう。

私はニューヨークのファッション業界で活躍する友人に「ニューヨークでまともにビジネスをしたかったら、高級なものを身につけなさい。でないと、東洋人は何かと見下されるから、相手にされないわヨ」と言われたこともあります。確かにそれは事実です。もちろん、服ばかり完成度が高くて、自分の中身がそれとかけ離れていると、そのズレを何かからともなく自他ともに感じてしまうものですから、そのあたりも慎重に……。

服にも何かと思い出がしみつきますし、古いエネルギーを吸収します。何世代にもわたって着られる着物やドレスは別としても、クタクタになった服や下着、悪い思い出の詰まっている衣服は、もったいないと思わずに処分してしまいましょう。捨てられなければ寄付すればいいのです。クタクタな服を着ると、見た目だけでなく、心境もクタクタになったりしますから。

服を買いに行くときは、自分らしさを見つめるのにいいチャンスです。

自分の魂に問いかけながら「自分のおしゃれ観」を追求すると、買い物しながら自分の真相にふれることもできます。ゴージャスな服が好きで、それが自分の求める生活スタイルかと思ったけど、実は着ると疲れる……本当は、自分は素朴な服しか興味ないんだナ……とか。色落ちしないでシワにならない合理的な服が自分にはピッタリだとか、手間ひまかけても繊細な素材の服を着ていたいとか……。着物の似合う人になりたい！　とか。そんな自分探しの旅のようなお買い物、ぜひ試してください。

買ってみたけど全然着ない服というのも、なぜそうなのか真相をさぐりましょう。自分が注目されたい！　という気持ちを満たしたかったけれど、実は全然そんなこと思ってなかったとか、ある女優さんみたいな雰囲気をイメージして買ったけど、全然しっくりこなかったとか……。服で冒険して「やっぱり違ったな〜」なんて痛感しながら、今の自分を完全に満たす服装で、自分の心境を確認するのもいいのではないでしょうか。

「本当の私は誰？」って魂の声に聞きながら買い物すると、いらない買い物をしなくてすむかもしれませんよ。

朝起きてすぐの顔チェックで、リセット完了かどうかがわかります

朝起きてすぐ鏡を見てみましょう。「うん、今日はいい顔」と思える日もあれば、「キャ～！　ヒドイよこりゃ～！　どうしちゃったの、私!!」と切実に思ってしまう日もあるのではないでしょうか。

朝起きたばかりの自分は、素の状態です。歯を磨いたり、テレビをつけたりして、「いつもの生活」という意識にスイッチが入る直前の自分は、純粋な魂そのものの境地に近い状態ではないでしょうか。お化粧した顔や仕事用の表情と、素の自分のギャップもはっきり見えますし……。

せめて朝起きたばかりのときくらいは、前の日に吸収した悪いエネルギーや、ネガティブな感情がリセットされた、「今日も元気で頑張ろう！」という健康な魂そのもののような表情でありたいものです。毎日見ている自分の顔なのに、なぜか今日はダメ……という

日は、きちんとリセットできていないのです。お化粧もしていないのに、なんとなくキラキラしているような、瞳の中に輝きが見えるような顔のときは、リセット完了です。

朝起きたばかりの表情には、前日やそのずっと前からの体調の良し悪し、心と身体の疲れ具合などがはっきり現れます。**寝ている間にエネルギーを浄化できているか、それとも悪いエネルギーを溜め込んでしまっているかが、寝起きの顔にバッチリしるされてしまいます。**魂の底まで届くような深い睡眠ができているか、ただ身体を休めるだけの睡眠をしているかは、目を閉じる直前に、「忘れちゃおう！」と思えるか、夢の中まで悩みを引きずり込むように、延々と考えてしまっているか、で違いが出てくると思います。

何かしらストレスや心配事を抱えているときは、寝ている間も背中を丸めて、身体を硬くしてしまいますし、ひっきりなしに寝返りをうったり、手足をバタバタさせたり、隣で寝ている人や壁を蹴ったりする人もいます。悪夢にうなされて、一晩中、眉間にギュッとしわを寄せて、歯ぎしりをしていたら、朝起きたら、もみくちゃにされたような顔になっていてビックリ！　なんてことになってしまいます。これはすぐに生活を改めないといけないサインとして受け取りましょう。

まずは食生活を改善します。食生活はいつもストレスと影響し合っていますし、顔にも出ますから。寝ている間に脱水症状になっていないでしょうか？　水分を十分とっていますか？　お酒を飲みすぎていませんか？　カフェインをとりすぎていませんか？　糖分、塩分、加工食品、保存料、化学調味料、ジャンクフードなどを食べすぎていませんか？　または寝る前にそういったものを食べたりしませんでしたか？

ストレスで暴飲暴食をして、食べ疲れて寝てしまったり、深酒をして寝てしまったり、お酒をさんざん飲んだうえに塩辛いものや脂っこいものを食べて、そのまま寝てしまったりすると、朝起きたら顔がむくんでしまうのも仕方ありませんね。

お腹が苦しいとか、食べたものを消化するのに身体に負担がかかっている状態で寝ると、顔を下にしてうずくまったような姿勢になりませんか？　するとよけいに顔がむくんでしまいます。やっぱり手足を大の字に伸ばして、上を向いて寝られるのが、心配事がなくて健康な証拠だと思います。

そして、ストレスの原因そのものを解消するか、せめて減らすようにしてください。**ストレスの原因がどうしても関わらなければいけない人なら、その人と話すときは手短かに。そして自分を「愛情のパウダーピンクのエネルギー」で包んで守ってください。**

まず、フワフワッとした暖かい愛情のような淡いピンク色のエネルギーを想像してください。桜餅とか、バラ、チューリップ、ストロベリーアイス、ピンクのチークカラーとか……そんなピンクです。そして、その色で自分をすっぽり包みこむようにイメージして、暖かい空気を思い出してください。さらに、暖かいパウダーピンクの空気が自分の中と周囲に充満するように想像してください。手のひらから暖かいエネルギーが出ているのを意識します。顔の緊張がとれて、次第に微笑みになっていかないでしょうか。

そして、自分全体を包んだパウダーピンクのエネルギーを、そのまま苦手な相手にも送るようにイメージしてください。相手のエネルギーにやられてしまったり、自分のエネルギーを根こそぎ持っていかれないように。

それから、「ストレスをまき散らす人は、自分のことばかり考えてる」ということもお忘れなく。人のエネルギーを食い散らかす人もそうです。そんな人のおかげで自分が不細工になっていくなんて、悲しいじゃないですか。

悩みはつきないものですが、せめて眠っている間は悩まない習慣をつけるようにしてください。朝の表情に「あどけなさ」がなくなってしまったら、いらない問題をいろいろ抱えてすぎて、本当の幸せには縁遠い生活をしているということでしょう。よけいなことは忘れて、あどけない自分を取り戻しましょう。

いつも部屋が散らかっていて片づかないなら、自分の中に捨てるべきことがあると気づいてください

グチャグチャな部屋は、自分の生活もあっちこっちに散らばったままになっているのが、そのまま現れているのだと思います。これはここにあるべきじゃないとか、捨てるべきなんだけどとか、修理したら使えるから取ってあるけどパーツが足らないとか……。新しいものを増やすのは簡単ですが、いらないものを捨てて、整理整頓するのは、けっこう時間と手間がかかるものです。

魂を磨く生活をしよう！　と思い立ったら、自分の部屋からいらないものを一掃して、磨き上げてしまうところから始めてみましょう。魂を透明に保つには、いらないもの、不純なものを常に取り去ってしまわないといけません。「これは取っておこうかどうしようかな」「捨てなきゃいけないんだけど……」「なんか部屋が雑然としてるな……」と自分に疑いの気持ちや、曖昧(あいまい)な曇った考えを与える原因になるものは、全部捨てるのがいいのです。

自分の中にある思い出や過去にしがみつく気持ちも、なんでも取り込んでしまう部分も、物と一緒に全部捨ててしまいましょう！　部屋がスッキリしたら、気持ちもスッキリしますし、「何かが変わった！」とか、「これが新しい心境！」ということが、自他ともにわかりやすくなります。「よく捨てました‼」という達成感も出ます。何かにしがみついている自分とおさらば！　って感じがしますよ。

芸術でも何でも「完成度の高いもの」とは、いらない部分を全部取り去って必要なものだけが残っている状態のものです。**人生だって自分だって完成度を高めるには、いらないものを残らず捨て去る必要があるのです**。ですから、「捨てる」ことはポジティブなことなのです。

忙しくて片づけられない、という状況もあるでしょうし、自分以外に部屋を散らかす人がいて、片づけても片づけても追いつかないとか、部屋が狭いなど、片づけられない原因はいろいろありますが、自分で手に負えないほどの物を抱え込んでいることは確かでしょうね。でも、工夫すれば片づけられるようになるのです。

そして、いったん片づけたら、後はそれを維持する努力をすればいいのです。人生も部屋も。部屋はちょっと油断するとすぐに散らかりますから、そこにあるべきでないものを見つけたら、「今すぐ」片づける。人生も、やらなければいけないことをすぐに片づければ、滞らないですみます。後で……と思うところをもう一押しする習慣をつけるようにしましょう。

自分の中にある性格や習慣で、掃除の邪魔になっているものを一掃してしまいましょう。面倒くさいことは後回しにしがちとか、気に入らないものでも受け入れてしまうとか、居心地が悪くても我慢してしまうとか、物事が手に負えなくなると、あきらめて荒れ放題にしてしまうとか、情や愛着に流されてしまうとか、物事に深入りしすぎて執着してしまうとか……。部屋が片づかない理由の裏づけが、自分の中に奥深く根づいているな～と気づくかもしれません。実際のところ、物も食べ物も、様々な感情や人間関係も、何でもかんでも溜め込んでしまって、それが生活習慣病となって現れることもあります。

部屋が散らかる第一の原因は、物がありすぎるからです。
ゴミを出すとか、物を捨てるというのは、けっこう手間と時間がかかるので、だから溜まっていくわけですが、決意をして、なくてはならない必要なもの、どうしてもとっておきたいもの以外、「なくても困らないもの」は、過去を一掃するつもりで、勢いよく袋にまとめてしまいましょう。清掃局のトラックを予約して、決まった期日に一気に持っていってもらうのもいいでしょう。よほどのものでないかぎり、買い換えがきくのですから。

「もういらない！　捨てたい！」と決めたら、あれこれ考えないで潔く捨てる。

本当に必要だったり、ご縁のあるものなら、何らかのかたちで戻ってきます。望めば新しいものもすぐ手に入ります。

次の内容を、自分の所持品すべてについて、あてはめて考えてみてください。さらに、自分の感情、人間関係、食べ物、医薬品、恋愛などにも発展させて、処分するべきものについて考えてみてください。

■「もったいない」という気持ちが、必要ないものや身体に悪いもの、自分に意味のないもの、かさばるもの、実は嫌いなものまで溜め込んでしまってないでしょうか？

■「そのうち必要になるかも」と思いながら、とってあるものはありますか？　それは買い換えがきかないものですか？

■「せっかく手にいれたから」という気持ちでとってあるものはありますか？　たいして気に入ってもいなくて、使っていないのではありませんか？

■「なぜ持っているのかわからないけど、いつからか持っていた」もので、自分にとって価値のないものはありませんか？

■コレクターでもないのに、同じようなものがあふれていませんか？　新しいものだけ取っておいて残りは処分し、なぜ同じものばかり買ってしまうのかも考えてください。

■使いもしないのに、「まだ使えるから」ととっておいていませんか？　誰かにあげるか、捨ててしまいましょう。自分のところに転がっているよりは、他の人のお役に立ったほうがいいのです。買ったけど、一度も使ってないものも一緒です。

■捨てるのが面倒くさいから……と溜め込んでしまっていませんか？　これ以上後回しにしないで、一気に捨てましょう。あなたが捨てなければ、誰も捨ててくれないのです。

■ずっと捨てたいと思っていたものは、捨ててしまいましょう。
捨てたい気持ちは確かなのです。失ってもかまわないものなのです！

■あまり気に入ってないけれど使えるから……と、とってあるものは、気に入ったもので最高品質のものを買って、取り替えてしまいましょう。本当に気に入ったものや、いいものは1個あれば満足できるのです。

■安かったとか、もらったとか、簡単に手に入ったものにご縁を感じて、せっかくだからととっておいていませんか？

捨てたいけど、思い出が詰まっているから捨てられないものは、「今まで本当にありがとう!!」「ご苦労様でした!!」と感謝の気持ちをこめて捨てましょう。それでも、どうしても捨てられなければ、ビデオや写真におさめてはいかがでしょうか。

自分を助けてくれた物たちに、お世話になりました！　とお礼の気持ちを伝えて、処分するのです。もう役目を果たしてくれたのですから。そして、捨てたらもう増やさないようにしましょう。

すっきりと整理整頓された部屋で新しい生活を始めるにあたって、デパートや家具屋さん、または分譲マンションのショールームにでも出かけて、スキッとした部屋を見て感化されて家に戻る、というのも一つの方法です。

一気に部屋を片づけたら、散らかる前に片づける。いつも片づける。「散らかってる」と思うところは、そこにあるものをざっとどけて、その中からどうしても必要なものだけ取って、あとは一気に何も考えないで捨てる。しばらく使ってないものは捨てる。気がすむまでとっておいて捨てようと思うものも、今すぐ捨ててください。

何もなくても幸せな自分になるために、過去から旅立つように、物からも旅立ちましょう。

歌は性格や心の状態を表します

私はヴォイストレーナーやボーカルプロデューサーとして、数々のJ－ポップ・アーティストのプロジェクトに関わらせていただいてきました。その際、歌がうまく歌えるようになる、ということ以上に、歌によって何を表現したいのか、歌に魂を込めるというのはどういうことかなど、自分の歌の可能性や意味について考えることを大切にしてきました。歌の個性や問題点は、その人の性格や生き方をそのまま反映します。ですから、歌う技術を学ぶと同時に、自分について学びながらレッスンを行います。

歌を歌うのは、自分の魂や感情とつながっていることを実感するのに、とてもいい方法です。歌はその人の魂を映します。その人柄や性格、その時の精神状態や考え方、生活習慣などのすべてが歌に現れてきます。

短気だったり飽きっぽい人は、歌のフレーズをぶちぶち切ってしまったり、あきらめやすい人は、最後まで歌いきることなく途中で力が抜けてしまったり、最後まで歌えなかったり……。歌い始めから他の歌のことが気になる人もいます。怖がりの人はちょっと高い音があると歌えなかったり、自意識過剰だと、気が向いたときに気軽に歌うことにさえも抵抗を感じますし、他の人が聞いていてもいなくても、気恥ずかしくて歌うのにすごく勇気が必要だったり……。何事にも本気になれない人は、いつまでも歌詞を覚えないとか、いつまでたっても同じところで間違うとか。

歌が上手とか下手とか、声がいいとか悪いとかではなく、素直に歌えるか、歌えないかで自分の魂の在り方が現れてくるのです。どんなに技術があって上手に歌えても、感情表現ができない人もいますし、多少音程が不安定でも、人を感動させる素晴らしい歌を歌える人もいます。「どう？ 上手でしょ？」と言わんばかりの歌は、聴き手に押しつけがましい感じを与えてしまうので、不快感さえ残します。

声というのは、人の感情によって自然に出てくるようになっています。無理に出そうとしなくても、喜び、悲しみ、恐怖心などにかきたてられて、勝手に大声をあげたり、声が出なくなったりするものです。ですから、うまく歌おうとか、大きな声を出そうとするのではなく、自分の声が気持ちよく自然に出てくるポジションを探すのがいいのです。

まずは歌いやすい歌を見つけて、それを気持ちよく歌えるキーで歌います。キーは自分で歌える範囲内でいちばん高いのを選んでください。すると声のつやを出すことができます。そしていろいろな歌を歌ってください。もう少し本格的に自分の声を知りたい人は、ピアノやキーボードの真ん中のCから上、下、1オクターブずつにわたって、一音一音弾きながら、「アー」とロングトーンを8カウントずつ歌ってください。そして、歌いやすい音と、歌いにくい音を見つけてください。この歌いやすい音というのは、気持ちよく歌える音で、いくらでもパワーが湧いてくるような音です。

このときに、声を出す位置というのがあるのですが、ちょっと詳しくなりすぎてしまうので、ここではふれませんが、とにかく気持ちよくバーッと声が出る音を見つけたら、まずそれを強く歌います。のどが開いて、自分の声量が出るだけ出し切ってみてください。その音を中心に上下に半音ずつ、同じように気持ちよく歌えるように練習してください。あえて細かいことは言いませんが、あくびをするときのように、大きく口をあけて舌が下がっている状態にしてください。

この、自分の声がどこからともなくバーッと出てくる状態が、歌でコネクトされている状態です。そして自分の声を自由自在に操ることができるのが、そのコネクションをマスターした状態です。一つひとつの音程を歌うにも、得意、不得意が出てきます。たとえ苦手な音程でもGo for it! という感じで思い切って体当たりで歌わないと、歌になっていきません。ごまかそうとするのではなく、苦手なところもそれなりにキッチリ歌うという姿勢は、生活態度そのものがそうでなければ、なかなかできないことなのです。

自由自在に歌ったり、自由自在に生きるには、虚栄心を捨てて、自意識を捨てて、自分を捧げるように、全身全霊でその瞬間に力を注がないといけません。なんて言うと大げさになりますが、それをサラッとこなせるようになるために、一日一回は本気で歌われることをおすすめします。または歌いたいときに本気で歌ってみてください。歌ったことない人はぜひ! 自分の魂のために歌ってみてくださいね。魂の叫びが伝わって、自分のまわりの波動が震えるのを感じるかもしれませんよ。

外国語で、自分の中に眠っていた思考回路が目を覚まします

私がリーディングをする際、同じ人を観るのでも、英語でやるか日本語でやるかで答えがまったく違ってきます。そのくらい、言葉が思考に影響する力は大きいのです。英語で考えるか、日本語で考えるか、フランス語で考えるか……ひとつの言語だけでなく、母国語以外の言語で思考できるようになることで、自分の人生の可能性が大きく変わっていきます。魂を磨くために外国語の文献を読んでみませんか。

魂的生活とかスピリチュアルな生活に関する文献はたくさんありますが、それでもまだまだ占い師とスピリチュアリスト、宗教家の微妙な違いも曖昧なままの世の中です。

私が大切にしている、直感とコネクトした魂的生活は、同じように魂レベルで物事を見つめて生活をしている人々の良い例をお手本にしながら、よりよい自分の生き方を極めてゆこうというものですが、スピリチュアルな目覚めとか、魂とコネクトされた生活という

のは、本来個人的なもので、誰かに教えてもらうのではありません。自分で気づき、学んでいくものなのです。自分の中から生まれてくる気づきをどう育んでゆくかは、自分で試行錯誤するしかないので、そのために本を読んだり、セミナーに参加するのはいいのですが、そこで日本語で書かれたものを読むだけで終わりにせず、せめて英語で書かれた本やインターネットの文献も同時に読むようにしていただきたいのです。

文献を読む際には、他の人の書いたことを知るだけのレベルで終わらせず、必ず自分で実感した自分なりの解釈を持ってください。魂やスピリチュアリティーへのアプローチは星の数ほどありますが、私たち人間誰もが、すでに感じていることです。**生まれたときから自分の魂が知っていることなのですから、自分でなんとなく感じていたこと、まだ感じられていないことを確認するつもりで読んでください。**

自分の中に眠っている思考回路を起こすためにも、英語をはじめとした外国語を勉強することをおすすめします。前世の母国語に出会って、不思議と懐かしい体験をするかもしれないですよ！

Chapter 3

からだの中から幸運体質になる「食事法」

魂を浄化しましょう！　と言っても、取り出してゴシゴシ洗うわけにはいきません。それにいちばん近くて効果が確実に現れるのが、肉体を浄化することです。

　肉体を外から浄化するには入浴をし、中からの浄化には食べ物で血液をきれいにします。若返りに熱中している人の多いニューヨークでは、「あなたの血液年齢を20歳にできる！」というキャッチフレーズで大人気の栄養士さんがいたりしますが、血液がきれいになる！　と考えただけでも何となくシャキッとしませんか？

　私たちが口にするものはすべて自分自身に影響を及ぼしますから、魂エネルギーの高い食べ物を選ぶようにしたいものです。こんな美味しいものが食べられて幸せ……と魂の底から思わせてくれる食べ物は、生きる力を高めてくれます。

　慣れ親しんだ家庭での献立も、洗練されたシェフの生み出すグルメ食も、私たちに食べる幸せや感動を与えてくれます。それは安心感だったり、新しい刺激だったり、人生を謳歌（おうか）している実感や、ますます健康になれそうな気持ちを盛り上げてくれたり……その時々によって食べる意味と効果は違います。ところが、忙しくて「とりあえず食べる」といった生活が続くと、「とりあえずの人生」を送ってしまうことにつながるのではないか、と私は思うのです。

　この章では、身体を中から浄化して、よいエネルギーを取り入れるための食事法をご紹介します。

心身の声をもっと聞いて、自分に合わない食べ物や環境を知りましょう

最近は、アトピー性皮膚炎や花粉症などのアレルギー症状に悩まされる方が増えています。その原因とされる体質、公害、ストレス、食生活のうち、自分でコントロールしやすいのは食生活です。

自分の心身と食べ物の関係について、フォーカスしてみましょう。

アトピーのように目に見える症状でなくても、イライラ、うつ、慢性の疲れ、パニックなどの症状も、食生活に影響されている可能性が考えられます。しかし、私たちは忙しい、面倒くさい、気にしても仕方ないといって、こういった心身の悲鳴を注意深く聞き取ることをしないで、病気になるまで放っておいてしまいがちです。

ですから、もっと心と身体の声に耳をすませてみましょう。

例えば私は、食品添加物や化学調味料の入った食べ物を食べると、すぐに頭痛やけん怠

感、むくみ等に襲われ、落ち込んだような気分になってしまいます。自分で料理したものなら、そんなことにはなりません。

本当に良質な自分に合った食べ物は、適量で満足できて、味わった喜びが長く続くものです。そして、食べた後にスキッとします。

食べても食べても、もっと食べたくなる食べ物は、実は自分に合っていないのだと思います。自分に悪い、または合わない食べ物ばかり好きになるのは、自分に悪い、または合わない恋愛にしがみつくような感じなのです。

食欲をコントロールするのは大変でも、そこのところは自分に活を入れて、せめて食べ物の質だけでも規制してあげてください。

食べ物にそんなに気をつかったことがないという人や、食生活が病気の原因になりうることはわかっているけど、特に何の症状もないから気にしたことがないという方も、試しにぜひ、素材の質を食べ比べてみてください。

コーヒーなどに入れるお砂糖についても、精製された白砂糖と、タービナード・シュガーやきび砂糖、黒砂糖、ハチミツなど、あまり精製されていないお砂糖との食感の違いを意識してみてください。精製されていないもののほうが、サラッと体内に入って、サラッと出ていってくれるような感じがしないでしょうか。無添加で作られたパンにオーガニックのバターを塗って食べるのと、大量生産された防腐剤などが入ったパンにマーガリンを塗って食べるのでは、体感も食感も全然違うと思いませんか?

自分の食べたものが、美味しい味覚とともに、食べた嬉しさや幸せを与えてくれるか、それとも、食後に疲れたり、イライラしたりするか。「お腹がいっぱいになること」＝「食べたらダルくなること」と思い違っていませんか?

自分の身体の声を聞いて、自分に合わない食べ物を避けるようにして、心身も魂も食べ物の悪影響から解放されましょう。

もちろん、神経質になりすぎてもいけませんから、例えば人間関係で、苦手な人とも何とかうまくやっていかないと生きていけないように、自分に合わない食べ物とも上手につきあっていけるようにしてください。

お食事に招待されたときや旅行中、多忙なときなど、自分に合わない食べ物を完全に避けるのは、無理な場合がありますし、買い物も外食できる場所も限られてきてしまいます。どこに行くにもお弁当やおやつを持参しないといけなくなって、非常に不便ですから。

とにかく、いい加減な食事が続いてしまったら、クリアー・センス・ダイエットを参考にして、より自然な味覚と食感を取り戻してください。

お水で魂浄化……ヒーリング・ウォーターの作り方

今や、お水が人間の感情やエネルギーを吸収・伝達することは、よく知られています。昔から、教会には万病を癒すホーリー・ウォーターがありますし、お寺や神社でも御利益のあるお水があります。熟練されたヒーラーで、ヒーリング・ウォーターを作って、病気を治される方もいます。ヒポクラテスが「病気になりたくなければ、水を飲みなさい」と言ったように、水は私たちを癒す最高の飲み物なのです。

上質の水が身体を浄化することは、水を飲めばわかりますよね。ここからもう一歩、魂レベルに踏み込んで、癒しの水で魂の底から身体のすみずみまで浄化する、と考えてみてください。それだけでも、魂がプルプルッとして、なんだかスキッとしないでしょうか？

ヒーリング・ウォーターは、まず信じて飲むことで効果を発揮します。信じることで魂のパワーを引き出すわけです。なので、その水の出どころである場所（滝、川、教会、神社、仏閣、聖地など)、または水にヒーリング・パワーを込めたヒーラーの力を信じられなければ、効果が感じられないかもしれません。なかなか信頼できるヒーラーに会えなかったり、ヒーリング・ウォーターとして売られている水の値段が高くて手が出なかったりすることもあるでしょう。それならいっそのこと、自分で作るのはいかがでしょうか。

これなら基本的に水代だけしかかかりません。自分で作ったお水の効果を感じられたら、他の人が作ったお水も自分で価値判断できるようになるでしょうし、とりあえず自分で作ったお水がパワーをくれるなら、申し分ありませんよね。

もちろん、ヒーラーとして人生をかけて貢献していらっしゃる方が作るようなヒーリング効果の高いお水は、ちょっとやそっとじゃできません。ですから、自分の作った水を他の人にすすめたり、商売にしたりは絶対しないでください。あくまでも自分の力を信じるための水なのですから。

まずはペットボトルの水を使ってください。フィルターに通したり、煮沸して不純物と雑菌を取り除いた水なら、水道水でも井戸水でもかまわないと思います。

このお水に願いごとを込めるように、エネルギーを送ります。呼吸を整えて、気を集中して……ボトルを見つめて……または手からエネルギーを出しながら「魂が強く美しくなるお水になりますように！」とお祈りしてください。

「痩せるお水になりますように」「甘いものを食べなくなるお水になりますように」「タバコを吸いたくなくなる水になりますように」「気分が晴れるお水になりますように」なんていうのもいいと思います。基本的に、気持ちや体質改善につながるようなことをお祈りしてください。

「お金持ちになる水」とか「結婚できる水」というのは、かなり無理があります。願いが叶うまで、その水を念じながら飲んで頑張る、というならわかる気もしますが……。

しっかり念が入ったなと感じたら、さっそく飲み始めましょう。

無意識のうちに食べる量が減っていたり、タバコを吸わなくなっていたり、あまり落込まなくなったりしたら、効いているということなので、お水を作って飲み続けてみましょう。それが気のせいとしか思えなくてもかまいません。とにかく、魂が浄化されて、願いが叶えばいいのですから。

もし全然効果が感じられなくても、お水をたくさん飲むことは、とても身体にいいですし、念じ損はありませんから、ぜひ続けてください。

使うグッズ	水、浄水器、ウォーターピッチャー

生ジュースで太陽と大地のエネルギーをもらいましょう

「健康な食生活といっても……何から始めようかな〜」という人におすすめなのは、搾りたての野菜ジュースです。太陽と大地と水のエネルギーをいっぱい吸収した野菜の気が、スーッと自分の中に入ってくるような味がします！

ジューサーをお持ちでない人には、「ヘルスフード屋さんのジュース・バーでジュースを飲んでください」と言いたいのですが、日本では水で薄められていない野菜の搾り汁そのままの生ジュースを手軽に飲めるお店はあまり見かけないようです。

ですから、フレッシュな気持ちで、魂の底から輝く生活のスタートとして、ジューサーを買いにいきましょう！「ジューサーは、手入れが面倒」という人もいますが、自分の健康と幸せのために、愛と労力を注いでいると思ってみてはいかがでしょうか。

面倒だという方は、ブレンダーを使えば片づけは簡単です。ブレンダーで野菜や果物を豆乳とブレンドしたスムージーも美味です。
食パンや菓子パンなど甘いものをついつい食べすぎてしまう人は、このスムージーを代わりに飲むと、きっと満足できると思います。お腹いっぱいになるので、朝ご飯の代わりにもなります。ただ、日本の果物は糖分が多いので、果物を入れすぎると肌荒れなどの糖分過多の症状が出るので要注意です。

有機野菜を使うのが理想ですが、まずは生きている野菜の新鮮さを味わうために、とりあえず有機じゃなくても生ジュースを飲んでいただきたいと思います。でも、その違いは確かに味でわかりますから、その優しさ、繊細さを体感するためにも、有機野菜を試してみてください。そしてジュースを作りながら、あなたのポジティブ・エネルギーも混ぜ込みましょう。

●ジュース・レシピと野菜の治癒力

野菜にはそれぞれ特徴のある治癒力があるといいます。どの野菜にするか悩んだ場合は、手軽に手に入るにんじんのジュースからトライしてください。

にんじんジュースをベースにして、リンゴ、セロリ、キュウリ、キャベツ、ジンジャー、パセリ、大根、レモンなどを好みで加えてください。4分の1片くらいのガーリックを忍ばせると、グン！と力が出ます。ニンニクの匂いが平気な人は、思いきって1片入れてしまいましょう。ただし、生ジュースがそのまま身体中に浸透して、毛穴から匂いが噴き出すことを覚悟しておいてください。パセリは消臭効力がありますから、パセリを入れてもいいのですが、ニンニクの匂いのほうがどうしても勝ってしまいます。

私がよくジュースにする野菜と飲み心地の感想

これから出てくる野菜を全部入れたジュースを飲まれることをおすすめします。

●にんじん：身体の中から燃えるようなパワーが湧いてくる、元気の源

見るからにカロテンたっぷり。甘みがあってジュースには最適です。目にいいとかで、そういえば、飲んだ後に目の奥にエネルギーが通うような、目がほぐれるような感じがします。カロテンは油と一緒に摂取したほうが吸収がよいそうですので、搾りたてのものに、

オリーブ・オイルや、ウォルナッツ、アーモンド、フラックスシード・オイルを数滴たらして飲みます。レモンを搾ると、にんじん臭さが軽くなって飲みやすくなります。

●セロリ…トゲトゲになった精神を静める効果あり

リンゴやにんじんベースのジュースに入れてください。水分が多いので、にんじんジュースをサラサラにしてくれます。セロリ・スティックをバリバリ食べるとき、かなりストレス発散していると思いませんか？　カロリーも気にならないし……。セロリの親戚のアニス（フェネル）も、とっても心静まるお味ですよ。

●キャベツ…胃腸薬の原料のキャベツです

ジュースにするとピリッときますが、甘みがあって、飲んだ直後に本当に胃がスッキリします。毎日飲めば胃潰瘍にいいとか。

リンゴ＋レモンととっても相性がいいです。キャベツ臭さが気になる人は、リンゴを多く入れてください。

●リンゴ：野菜の七難隠す果物

リンゴが入っただけで、誰にでも親しまれる味に大変身！　愛情の味なのです。

野菜ジュースと聞いただけでゾーッとする人には、「リンゴジュース（野菜入り）だよ」と言って、すすめてあげてください。

リンゴは私たちが生まれて初めて口にする果物の一つ。赤ん坊の頃に、リンゴジュースやリンゴのすりおろしたものをお母さんに与えられて、喜んで食べていた人も多いはずです。ペクチンと繊維が多いので、便秘解消にも役立ちます。野菜と果物は含まれている酵素が違うので、混ぜると消化に悪いそうですが、リンゴだけは野菜と相性がいいのだとか。

●キュウリ：利尿作用があるので、むくみに効果

塩辛いものを食べすぎて身体がむくんだときなどにおすすめ。

セロリ、リンゴ、レモンと合わせて。身体に溜まったお水が、サーッと出ていきます。

水分が多いので、面白いほどジュースが取れます。セロリもそうなのですが、水分が少ない生姜などをジュースにした後にキュウリを入れると、ジューサーの刃にくっついている生姜汁をきれいに洗い流してくれます。

●パセリ：鉄分やビタミンが豊富で、体臭を消すという野菜

炒めた玉ねぎやニンニクの匂いを胃の中で消して、口臭をなくしてくれます。ジューサーに入れるときは、刃の部分にひっかかるので、セロリやキュウリで後から流すようにしてあげてください。青菜のハーブ特有の精神をやすらぐ効果もあります。

●ジンジャー：殺菌効果抜群の生薬

声の出が悪いときには、ペパーミント・ジンジャーティー。喉が痛いときは、おろし生姜ハチミツをなめる。

風邪をひきそうなときは熱いジンジャーティーにカイエン・ペッパーとハチミツ（かメイプルシロップ）を入れてたくさん飲んで、入浴してください。胃の調子が悪いときは、ジンジャーティーに豆乳を少し入れて。食欲がないときは、細く千切りにした新鮮な生姜にお醤油を少したらして食べるのもおすすめ。

ジュースにはけっこう多めに入れましょう。喉を通るときに、ピリッとして喉が殺菌されている感じがしますよ。

●ガーリック：野菜のペニシリンと言われるほど、殺菌効果が高い

ニューヨークで話題のジュース・バーで初めてガーリック入りジュースを飲みました。感覚的に「あっ、入ってる！」とわかるのですが、ほんの少し入っているだけなので、匂いはしませんでした。パセリやリンゴなどで匂いが消されていることもあるでしょう。もちろん、飲んだ後パワーが湧いてきましたよ。

ジンジャーとガーリックは合わせて摂取したほうが、殺菌効果が高いそうです。肺を浄化するのにいいそうで、確かにジンジャーとガーリックのみじん切りをオレンジジュースで流し込むように飲んだら、しつこい咳が止まりました。お試しください。

●レモン：ビタミンCたっぷり

ジュースの味をうまくまとめて、キリッと整えてくれます。ジューサーに通さないで、手で搾ってください。

●アロエ：胃や、傷や炎症にもいいそうです

外の緑の皮は苦いので、中の白いヌルヌルしたところだけ切り出して使います。これには味はありません。顔に湿布すると気持ちいいのですが、お刺身で食べたときも、胃が湿布されるようで気持ちよかったです。

魂グッズ

ジューサー、またはブレンダー

疲れたときやストレスを感じたとき……シュガー・ハイ・フードに気をつけましょう

私がシュガー・ハイ・フードと呼んでいるのは、血糖値を一気に上げる食べ物の中でも、特にお菓子やパンなど、砂糖の多く入ったものです。

私がサイキックのセッションを行うときは、脳下垂体がフル回転して脳の燃料の糖分を一気に燃焼させてしまうのか、異常なまでに甘いものや炭水化物が欲しくなります。こういうときに甘いものやパンを食べると、つい食べすぎてしまいます。

そして一気に上昇した血糖値はそのまままっさかさまに急降下してガシャ～ン！と地面に叩きつけられるようにシュガー・クラッシュが起こります。だるくて、眠くて、頭に霧がかかったようにボーッとして、とてもつらくて……ヒドイときは悲しくなってしまいます。

ストレスが多いときや、疲れたときに甘いものが欲しくてたまらなくなる、という方もいらっしゃると思いますが、落ち込みが激しいとか、精神不安定だとか、やる気がない、ウッだ、という方の食生活は、甘いものや菓子パン類に依存していることが多いのです。

フワフワとしたパンには想像以上に砂糖やマーガリンが入っています。「砂糖、精製小麦粉、油脂」はシュガーハイ・フードの典型です。食べたときはワクワクするほどおいしくても、食べたあとにド～ッと疲れませんか？　それは、お酒を飲みすぎると疲れるのに似ています。

糖分を摂りすぎたり、お酒を飲みすぎて寝ると、次の日起きたときに眉間（みけん）にしわが寄っていませんか？　寝ている間にしかめっ面になっているかもしれませんよ。甘いものを食べた後は、口の中にベタッとした食感が残るように、体内にイジイジした感情がまとわりついてしまうのです。お酒を大量に飲むと、ネガティブな感情が身体に溜まっていきます。東洋医学では、甘みは心臓に影響して喜びをもたらすけれど、度が過ぎると悶え苦しむことになり、心臓病や心の病気をもたらすと考えるそうです。

パンやお菓子が減らせない人は、これからご紹介する、グッドバイ・シュガーハイ・スムージーで、砂糖の摂りすぎの食生活の改善第一歩を踏み出してください。パンやお菓子の食べすぎでダイエットに失敗している人にもおすすめです。

●グッドバイ・シュガーハイ・スムージー

豆乳、絹ごし豆腐、そして好きな野菜や果物（にんじん、オレンジ、トマト、リンゴ、ブルベリーなど何でも）をブレンダー（ミキサー）にかけて、できあがり。

氷を加えてもいいのですが、身体が冷えすぎてしまうのでご用心。お水で濃さをお好みに調節してください。

●大豆のパワーまるごと！　自家製豆乳

市販の美味しい豆乳がたくさんありますが、たまには自家製の豆乳を作ってみてはいかがでしょう。大豆サポニンが効いてる！　って感じの味がしますから。

乾燥大豆を一晩水に漬ける。それを水と一緒にブレンダーにかける。これを漉したものが豆乳。水を加えて濃さを調節しながら火にかけ、沸騰する手前あたりまで火を通して、塩、黒砂糖を隠し味程度に入れて、味を調える。火にかける際に昆布を入れて、沸騰する前に取り出すと、さらにまろやかな味になります。甘めにしてバニラビーンズで香りを加えるのも素敵です。

●寒い日やお疲れ気味のとき、少し生活のペースをスローダウンしたいときに——

「スパイスド・ソイ・ココア・ラテ」

小さいお鍋に豆乳、ココア、カルダモン、シナモン、ジンジャー、ナツメグ、黒砂糖またはメープルシロップを入れます。ジンジャーは、乾燥したパウダーよりも、生をおろしたものがいいでしょう。スパイスの分量は自分の勘で好みの味にしてください。温めながら泡立て器、ミルク・フォーマーなどで泡を立てると、さらに美味。カプチーノ用のミルク・スチーマーをお持ちの方は、それで作るのもいいでしょう。多めに作って、大きめのカップに注いで、泡の上からシナモンやココアパウダーをふりかけて、おまけに小さなミントの葉や無農薬レモンピールをのせたら、さらにロマンチックです。

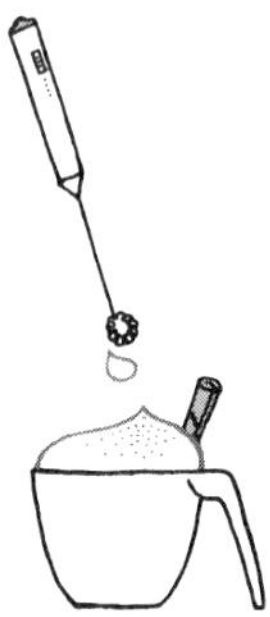

ゆったりと魂に憩いのひとときを与える お茶の時間の楽しみ方

お茶文化の盛んな国には、お茶占いというのもありますし、お茶と精神の世界のつながりは深いものです。日本の茶道も禅の一部ですよね。マクロビオティックでは、コーヒーなどのカフェインは避けますが、私はワインなどと同様、飲みすぎないように気をつけながら、上手に楽しみたいと思います。

自分のまわりの物や人に感謝して、与えられたひとときに感謝して、何かの締めくくりに、お茶をいただく……そんなティータイムは、メディテーションの効果抜群なのです。お茶をいただきながら、自分の夢や将来の希望などを思い浮かぶままに楽しむ……。お茶のカフェインによって集中力を高めたり、入浴時に飲んで発汗作用を高めたり、香りにリラックスしたり、ロマンチックな気分になったり……素敵なブレンドのものがたくさん売られていますので、その時々の目的によってお茶選びを楽しんでください。

ではここで、生の葉を使ったヒーリング効果抜群のお茶をご紹介させていただきます。お好みで、ハチミツやメイプルシロップなどで甘みを加えてください。

●たちまちリラックスできる「セージ・ティー」

食後におすすめです。

オーガニック・セージの葉に熱湯を注ぎます。お好みで生姜をすりおろしたものを加えてください。

消化を助け、とってもリラックスできて、眠くなるくらいです。

●消化を助ける「スパイスド・ジンジャーティー」

おなじみのジンジャーティーを、さらにスパイシーに。

生姜をすりおろしたものをカップに入れて、熱湯を注ぐ。またはスライスしたものを煮るのもよし。これに少しのカイエン・ペッパーとメイプルシロップ、あればレモンを加えます。

●喉をリラックスさせて消毒もしてくれる「シンガーズ・ペパーミントティー」

生のペパーミントの葉をポットに入れてお湯を注ぎ、生レモン汁、ハチミツを加えて、お好みでジンジャーを入れます。

●身体の芯から暖まり、元気が出る「スパイス・ティー」

カルダモン、シナモン、ナツメグ、黒胡椒、生姜を粗く砕いたりおろしたものをポットに入れてお湯を注ぎます。お好みで、メイプルシロップや泡立てた豆乳を入れてください。

●甘くてパンチのあるホットドリンク「アップル・スパイス・ティー」

搾りたてのアップルジュースを熱々のスパイス・ティーで割ります。

外食をするときは、よい気が流れるレストランで、よいカルマのお食事を

私がいつも行きたくなるレストランに共通していることがあります。

それは、味やメニューが好みに合うということ以外にも、そのレストランに入った瞬間、パッと明るく、暖かい感じがする、メニューにオリジナリティーのある工夫が凝らされている、良質の材料が使われている、野菜のメニューが充実している、忙しくても静かでも、思いやりでその空間を埋めるような和やかな空気が感じられる、などです。

従業員さんがそのお店が好きで働いているということが伝わってきて、店長さんからバスボーイ（テーブル拭きやお皿を下げる専門の人）さんまで、みんなが穏やかな表情で心地よさそうに仕事をしている空間というのは、とてもいい気が流れています。

そのレストランで食事をしている人、お給仕をしている人、お料理をしている人、メニュー、素材……そこからレストランの志の高さや情熱、愛情の強さが伝わってくる、そん

な空間を求めてレストラン選びを楽しむことにしています。

そういうところで食べる食事は、魂にも喜びを与えてくれます。レストランに入った瞬間からピン！　ときて、食べたらさらに満足感にあふれるようなところであれば、魂も求めていたものだと思っていいでしょう。

自分にインスピレーションを与えてくれるような、工夫の凝らされたレストランを探すのは本当に楽しいものです。そんな、自分の魂にエネルギーをくれるレストランでお食事をするたびに、感謝の念が湧き出てきますし、そしてそれが同時にそのお店をサポートすることにもなるのであれば、とっても良いカルマですよね。

私の行きつけのレストランは、食後「食べた〜！」という感じよりも、スパにでも行ったような、スキッとした爽快な感じを与えてくれます。

食事をするたびに、心身ともにリフレッシュされて、ピカピカになったように感じられるって、素敵ですよね。忙しくて何でも適当に食べてしまうのが当たり前になってしまったときに駆けこめるような、魂のオアシスのようなレストランをたくさん知っていると、安心です。

澄み切った感覚を強める、クリアー・センス・ダイエット

クリアー・センス・ダイエットとは、純度が高くて良質な食べ物と水で、身体を浄化する食事をしながら、直感をはじめ、あらゆる感覚を研ぎ澄まして、気の流れの障害などによる疲れを癒す目的で私自身が行っているダイエットです。

私はストレスを溜め込んでしまったときは、生ジュースやローフードなどの生野菜や果物中心の食事に切り替え、さらに精進食などの野菜中心の調理された食事に移行させていきます。

心身、魂ともに安定してきたら、マクロビオティック、アユールヴェーダ、漢方食……など調理法と食材の幅を広げます。調子がよくて余裕のあるときは、グルメな冒険をして、美食を楽しむといったふうに、その時々の自分の状態に合わせて、食べるものを選んでいます。

●クリアー・センス・ダイエットのやり方

まず上質な水と搾りたての生野菜ジュースを飲みます。水は毎日、ジュースは週に1回以上は飲まれることをおすすめします。

そして、防腐剤、合成着色料、化学調味料、精製食品（白砂糖、白小麦粉、白米）、動物性食品を避けます。さらにベジタリアン、マクロビオティック、ローフードなどの食事法に切り替え、できるだけ有機野菜（無農薬だとベストですが……）を使うようにします。

すると、調味料、ご飯、麺類、肉、魚、卵、乳製品、練製品、コンビニのお弁当もお惣菜コーナーの食品も、どの食材に何が入っているかわからないので……はっきり言って食べるものがなくなってしまいます！　でも数日でもいいのでやってみてください。自分の感覚が鋭くなったり、不純物に敏感になったりしていくのがわかると思います。

「身体が浄化されたな～。軽くなってきたな～」と感じられるようになるまで続けてみてください。

このダイエットを維持するために、私は自炊を心がけています。そして基本的に自然食品屋で食材を求めます。

一般的にスーパーなどに出回っている食品の加工や保存の実態はよくわからないので、賞味期間が不自然に長いもの、原材料に見たことも聞いたこともない名前があるようなものは避けるようにしています。ラベルに記載されていないものもあると思うので、直感で大丈夫そうかどうか、食べるか食べないか、自分に聞きます。

お漬け物やお味噌、お醤油のように熟成されたものは、オーガニックのものや、添加物の入っていないものを使います。

外食の際は、自然食のレストランや良質な食材を使っているレストランを厳選し、古くなったものは食べません（食べ物も感情も、古くなったものは無意味に蓄積するべきではないのです）。

とは言っても現実的には、このようなダイエットを長期間にわたって貫徹するのは大変困難だと思うので、浄化食と普通食といった感じで、ごく普通の食事もしながら、できるだけ浄化食を食べる機会を多くするように心がけてみてください。

上手にこれらのコンセプトを活用していけるように、できるところから、できるだけやってみればよいと思います。家族や友人と一緒の食事を楽しめなくなったりしてしまうのも問題ですから、普通の生活を保ちながら上手にクリアー・センス・ダイエットを取り入れてみてください。

とにかく、**純粋なものとそうでないもの、自然なものとそうでないものの違いに敏感になることと、自分に合わない食べ物に心身共に振り回されていないか、またはそうだとしたらどの食材がその原因なのか、自分で体感して知ることが目的**なのです。続けていくうちに、食べ物が自分に与える感じ、食べ物に対する自分の心身の反応などがわかるようになります。食べたら疲れるもの、悲しくなるもの、イライラするもの、スッキリするもの、それが何なのか、自分で見つけていってください。

●クリアー・センス・ダイエット中の手作りダシのすすめ

いきなり使いなれた調味料や食材を使えないとなると、自炊するにも困ってしまうかもしれませんね。特に和食のダシ。カツオやイリコダシではなく、昆布と椎茸（生または天日干し）、切り干し大根の戻し汁や野菜を使います。美味しく調理ができますので、短期間だけでも試してみてください。

ところで「海の汚染状況を考えると昆布も危ないのでは？」とか「干し椎茸や切り干し大根には乾燥剤は入ってないの？」という疑問もおありになるでしょう。でも切り干し大根は、大根を千切りにしてザルに広げてベランダにでも出しておくと、勝手に切り干し大根になるんです！　これなら安心ですが、いっそのこと乾物を使わないダシをご紹介しましょう。

乾物を使わないベーシック野菜ストック（材料は日本で手軽に買えるものに限りました）

●和風：水から煮だします。

大根（またはカブ）、にんじん、白菜の芯、生椎茸、これに好みで玉ねぎまたは白長ねぎを入れます。甘みが欲しい方は、さつま芋やカボチャを少し入れてください。これに日本酒をたらす……というのも考えられますが、クリアー・センス・ダイエット中は避けます。

●**洋風**：水から煮だします。
セロリ、にんじん、トマト、パセリ、ハーブ（ベイリーフ、ベイジル、ディルなど）、マッシュルーム、黒胡椒（または赤唐辛子）。これに玉ねぎ、コーン、フェネル、ガーリックなどをお好みで入れてください。セロリが重要ですので、多めに入れます。

●**中華風**：水から煮だします。
長ねぎ（青い部分も白い部分も）、セロリ、玉ねぎ、にんじん、ジンジャー、ガーリック、黒胡椒、レモングラス（あれば）。これに紹興（しょうこう）酒などをたらす……というのも魅力的ですが、クリアー・センス・ダイエット中は避けます。

●**コクのあるブラウンストック**：材料をローストしてから水を加えます。
玉ねぎ、にんじん、長ねぎ、セロリ、ガーリック、ベイリーフ、パセリ。時間のない人は、材料を千切りにして、厚めのお鍋かフライパンに薄くオリーブ・オイルをひき、中火で炒めます（根気がいりますが、焦らず、ゆっくり。本来の作り方のようにオーブンでローストするより、ずーっと楽です）。ほどよく茶色になってきたら、そこにお水を加えます（フライパンを使った人は、お鍋に移して、さらに水を足します）。少し煮たら火を止めて、一時間くらい寝かせて使って下さい。もちろん、寝かせないで使っても大丈夫です。

時間とオーブンのある方は、これらの野菜を250度のオーブンで1時間くらい、常にかき回しながらローストします。きれいに茶色くローストできたら、オーブンから出してお水を加えお鍋に移して煮てから、一時間程寝かせて（または寝かせないで）使ってください。

1dayから始めるベジタリアンのすすめ

落ち込んでどうしようもないときは、しばらくベジタリアンになってみてください。半日でも1日でも2日でも。搾りたての野菜ジュースにお豆腐のサラダとか、玄米に野菜炒めとか……。これなら簡単です。

ブルーなときに、焼き肉などで元気をつけよう！　と思う人もいるでしょうが、食べた瞬間は元気になるかもしれませんが、消化しにくいので身体に負担がかかります。タレにお砂糖やお塩がたくさん入っていますし、白米やお酒も進むでしょうから、糖分を取りすぎて、後でセンチメンタルな気分になるかもしれません。それに「牛肉」になった牛のセンチメンタルなエネルギーを食べていることになるので、よけいにブルーになったりする可能性大です。

私は一週間ほどベジタリアン生活をすると、食材の性格が味わえるような気がします。

例えばカニは怒っているような、直情的、衝動的（Impulsive）なエネルギーの味がしますし、牛肉は牛の切なさや恐怖心を味わうような気が……するのです。

現在の私は完全に精進食にしているわけではなく、赤ワインにフィレミニヨンのディナーを楽しむことも、ごくたまにはあります。お肉を食べると、貧血が治る感じがしますし、闘争力みたいなものが湧いてくる感じがします。

しかし、カウンセリングに来られた方の心の痛みや怒りなどのエネルギーが、なかなか体内を出ていってくれなくなるというマイナス点を感じます。お肉を食べることで、肉体のエネルギーが強くなりすぎるのではないでしょうか。ですから私は、リーディング・セッションを長時間やって疲れきっているときや、悲しいことが心に溜まっているとき、早く忘れてしまいたいことがあるとき、集中力を高めたいときなどには、お野菜しか食べないことにしています。

皆さんには「時々ベジタリアン」をおすすめします。気に入ったら長く続けてみればいいと思いますし、また肉食を楽しむのもいいでしょう。ただ、お野菜だけを食べているときのニュートラルな感じ、心地よさを体感して知ったうえで、違いを楽しんでいただければと思います。

お肉が食べられないなんて、物足りない！　というのがベジタリアン・ライフの最初の難関です。ここで物足りなさを補ってくれる食品で、主なものをご紹介します。日本には精進料理があり、素晴らしい食材がたくさんありますので、おおいに利用してください。

●**豆腐**：いろいろな豆腐がありますが、お肉の代わりにするなら、焼き豆腐や厚あげ、木綿豆腐がおすすめ。絹ごし豆腐はそのまま食べる他に、和えものや、ヨーグルト、クリームなどの乳製品の代用にして、アイスクリームやスイートポテトパイに入れたり、豆腐カスタード、豆腐チーズケーキなどのデザートにも活用できます。

●**湯葉**：精進料理お馴染みの食材です。乾燥湯葉は歯ごたえがあるので、そのまま一枚で食べるのではなく、クルクルッと巻いたり、中にお野菜を詰めると、ボリュームが出ます。

●**テンペ**：納豆の親戚で、ケーキ状の固形になっています。納豆のような香りはありません。フライパンに薄く油を塗って焼いて食べたり、揚げたり、煮たり、何でもできます。

●お麩（生麩、セイタン、グルテンミート）：お味噌汁やおすましにチョロッと浮いている小さい乾燥麩くらいしか食べたことがない、という方もいらっしゃいますが、お麩は立派なメインディッシュになります。

スキヤキや卵とじなどに牛肉の代わりに、お麩に登場していただきましょう。生麩のお刺身や田楽（でんがく）、煮物には精進料理でお馴染みですし、セイタンは小麦粉があれば家で簡単に作れます。グルテンミートも同じようなものです。これもグルテン粉があれば簡単に作れます。

簡単なセイタンの作り方をご紹介します。

材料：水と小麦粉（私はオーガニックのもので精製されてないものを使いますが、小麦ふすまの食感がどうしてもダメな方は、漂白されていない白い小麦粉を使ってください）

①小麦粉に水を足して、うどんやクッキーの生地より少し柔らかいくらいにこねます。プロの職人さんは、どれくらいこねるのかわかりませんが、私は生地がまとまったところで、そのままラップをかぶせて室温で寝かせます。冷蔵庫に入れてもかまいません。

私の場合、朝生地をこねたら昼（または夕方）、夜こねたら翌日の朝（または昼）くらいまで放っておきますが、一時間くらい寝かせたら十分でしょう。寝かさなくても問題はありません。

②その生地を水洗いします。粉の部分がどんどん洗い流されて、グルテンの部分が残ります。半分以下の大きさになってしまうので、全部なくなっちゃうんじゃないかと心配するほどで、ちょっともったいない気もしますが、仕方ありません。

③水があまり濁らなくなったら、適当な大きさにちぎって、好きな形に整えて、熱湯で茹でます。すぐに浮き上がってきますから、これで完成。これを茹で汁の中に入れたまま保存してください。

茹でる前にお好みで塩や砂糖で味付けをして、練り製品のような味にしてもいいですし、ハーブやお野菜を加えるのもいいと思います。切って炒めたり、こんがり焼いて照り焼きやエスニック風のピーナッツソースで味付けしたり、ステーキやバーベキューのようにしたり、ギョウザに入れたり……いろいろお試しください。

●TVP：ベジタブル・プロティンを乾燥させたもので、小口切りになっているものや、ミンチ状になっているもので、水で戻して使います。

●**椎茸**：椎茸をフードプロセッサーにかけてハンバーグにしたり、野菜ギョウザに入れたり……ぶ厚い椎茸や、裂いた椎茸の芯の食感を楽しんでください。

ローフード

それから……ローフードについても少しお話しさせていただきましょう。

Ｒａｗ Ｆｏｏｄとその名の通り、火を通さないベジタリアン食というのが基本的なコンセプトです。生野菜やその搾り汁、発芽させた豆類、穀物、木の実などが主な食材で、野菜に含まれている酵素を加熱しないで食べるので、野菜の生きたエネルギーをそのまま食べられるというのです。

「野菜ばかりでパワーが出ないな～、でもクリアー・センス・ダイエットがうまくいっている感じで気持ちがいいから、お肉を食べる気にならないし……」といったときにこのローフードを食べるとパワーが出ます。ローフードは食べた瞬間に「酵素が生きてるな～！」って感じの味がするのです。ナッツや発芽した豆類たっぷりのコロッケ、バーガーなどが身体の中で発熱しているような感じというか……食べてしばらくすると、カ～ッ！　と熱く身体が火照(ほて)るのです。

なかなか想像がつくようなものではないので、機会があったら、ぜひ洗練されたローフードレストランでお食事してみてください（日本ではあまり見かけないようですが……）。

そんなに難しく考えなくても、モヤシやアルファルファのサラダ、生ジュースもローフードの第一歩なのです。

親しみやすい素材で作ってみる超簡単なローフード

まず豆、穀物、種類を発芽させます。ここが、普通の生野菜のサラダと違うところです。

豆、穀物、種は水に漬けてもどし、発芽して泡が立ち始めたら水を捨て、きれいに洗います。この状態ですでに小さな芽が出てくるものもあります。これをザルまたはスプラウト・メーカーにあげて、ふたをして、室内の日陰に置き、種が乾ききらないように、時々水で濡らしながら発芽するのを待ちます。もやしのように芽が生えて、種の部分が柔らかくなったら食べられます。しっかり洗ってサラダに入れたり、フードプロセッサーで挽いて使います。

●ローフード・スタイル・サラダ

生野菜のサラダよりももっと生きているサラダとでもいいましょうか。いちばん簡単なのは、種が発芽したものをそのまま食べるアルファルファやモヤシのサラダです。種や豆を買い求めて、自分で発芽させたものが理想です。これをレタスや水菜と混ぜて、大根やにんじん、玉ねぎをおろして作ったドレッシングや生ゴマ、落花生のペーストなどでドレッシングを作れば、ローフード・スタイルのサラダができあがります。

●ローフード・スタイル・スープ

簡単で、誰でも楽しめるコーンスープをご紹介しましょう。

生のトウモロコシの種（黄色い部分）を包丁でこそげ落として、それを上質のお水とブレンダーにかけます。これを濾して、またはそのままで、オリーブ・オイルやフラックス・シード・オイルと塩、胡椒で味を調えて、いただきます。トウモロコシの粒やパセリのみじん切りをトッピングしたり、豆乳などを加えて甘みを足したりもできます。

にんじん、キュウリ、セロリなど、いろんなお野菜でスープが作れます。

直感のメディテーション・トレーニング

直感のトレーニングは自分のビジョンと記憶力をたよりにします。ですから、直感のメディテーションをしながら、観えてくることを文章で書き留めたりはしません。文章にすると書いているうちに作り話になってしまうことがあるからです。記録をするときは、線や数字、記号などを使います。

まず、就寝前のリラックスした状態で始めます。

夜

眠りにつく直前の状態というのは、瞑想に慣れていない人でも自然と瞑想しているような状態になれますので、いちばん手軽で簡単な瞑想の方法です。

まず両手のひらを上に向けて仰向けに寝ます。目をつぶってゆっくり呼吸をしながら、漠然と明日のことを考えます。具体的に何をするかではなく、明日一日のエネルギーについて感じます。それができたら、明日の朝のエネルギー、昼のエネルギー、それから夜のエネルギーの状態を感じてみます。明るい、暗い、力強い、ぱっとしない、順調、停滞気味など、どんな感じがするでしょうか。

エネルギーを感じると同時に、時間とか次元を把握する練習もしていることになります。そのまま眠りについてしまっても結構です。もう少し余裕があれば、自分が気になる事柄について、そのエネルギーを感じてください。よいか悪いか、うまくいくかいかないか、イエスかノーか、そういったことを、眠ってしまうまで感じてください。

朝

目覚まし時計の音で目が覚めても、ガバッ！　と起き上がらないでください。目覚まし時計をセットするなら、少し早めに鳴るようにして、ウトウトとまどろむ時間を作って、目が覚めてから起き上がる前の、まったりした時間を瞑想して過ごします。仰向けに寝たまま、やはり手のひらを上に向けて、ただボーッとしていてください。

完全に目が覚めてしまわないうちに、睡眠で頭が真っ白になっているのを感じてください。この白はまぶしいくらいの純白にしてください。自分の頭の中を見渡すような感じです。頭は空っぽでＯＫです。それから、身体がフワフワして気持ちがいいことや、暖かいエネルギーがジワジワ伝わってくるのを感じてください。寝返りがうちたければ、自由に寝返ってください。この間、頭の中が真っ白な状態と身体がフワフワ暖かい状態を保ってください。その感覚に集中するのです。それが安定したら、再スタートを切るつもりで、今日一日のエネルギーを感じてください。

そしてまたさらに詳しく、今日が一日どんな流れですすむか感じてください。具体的な事柄でなくてもいいですし、具体的なその日の予定についてでもかまいません。イメージがどんどん湧き上がってきたら、それについてピンとくるかこないか魂の声を聞いてください。自分の本音が浮かんできますか？　それを心に留めておいてください。

さあ、そろそろ起き上がりましょう。目が覚めてから布団の中でゴロゴロする時間を充実させる、くらいの気持ちでやってみてください。

昼

朝の出足の自分のペースを感じてください。軽快ですか？　重たいですか？　なんとなく乗り気がしないとか、焦っているとか。外に出たら街のエネルギー、人の流れを感じてみましょう。

歩きながら、その場のエネルギーが強いか、弱いか、明るいか、暗いか。それから街角のエネルギーにも注目してください。同じ四つ角にも、エネルギーが停滞している角と、活発な角がありませんか。それから、信号と自分のエネルギーのリズムが合っているかどうかも感じてください。信号に来ると、必ずさっと青になるのは街のその空間にあるリズムと自分のリズムが合っていると思ってください。

例えば、電車から降りて、最初の横断歩道の信号が青に変わるタイミングを感じて、それにピタッと合うように信号まで歩くペースを調節できたら、あなたの直感は調子よく作動していると思ってください。毎日のことですから、調子が悪いと、手に取るようにわかるようになります。

赤信号にばかりぶつかるときは、心身ともにペースを落としましょう。黄色や点滅信号にばかりに出くわすときは、渡らないで待つようにしてください。無理して渡ろうとすることに慣れてしまうと、そうやって焦って無理をすることが、生活のあらゆるところに出てきたりします。危ないところを「いつも渡れてるから大丈夫」とあてにしてしまい、最悪、事故にも巻き込まれかねません。

それから仕事をしながら、家事をしながら、勉強しながら、自分やまわりの人のエネルギーを感じてください。その場の雰囲気はどうか、人とのコミュニケーションがパパッとはかどるか滞るか、自分の動きや思考がスムーズかそうでないか、自分のまわりのエネルギーがスムーズかそうでないか、アイディアがサッとひらめくかそうでないか、もっと余裕が出てくると、個人から何を感じるか、物事が順調にいくかどうか予測できるか、自分の一挙一動に直感がついてくることがわかるようになります。

それを受け入れていれば、直感のギアに油がさされたように、スルスルスルッと脳裏で真相が見えてきます。

夕

夕方から寝る前までの時間は、その日にあったことを思い起こして喜んだり、反省したり、嫌なことがあると忘れようとして、飲んだり、食べたり、お風呂に入ったりするでしょう。私たちは夕方は家に帰る、ということを一生繰り返していて、習慣的に「元の自分」に戻るのがこの時間帯です。自分のことを考える時間です。この時間帯に仕事をしている人は、仕事が終わってから寝るまでの時間と考えてください。

その日にあったことや、前の日から引きずってしまった問題に対して、とことん考えてください。こんなときは、直感的なものとは別の、物事の実態、それに対する自分の感情、希望など、もっと意識的なことがたくさん湧いてきます。魂の声はあまり聞こえないかもしれません。

本を読んだり、友達と話したりして、それらのあらゆる可能性について、とことん疲れるまで考えてください。そして考えるのもシンドイ状態になったら、スパッと考えるのをやめてください。今度は一つひとつの問題に対して魂の返事を聞いてみます。ここで自分の感情や期待に邪魔されないように、前もって、自分の期待は何か、自分はどう思うのかを知っておいてください。魂の声はイエス、ノーまたは○、×、△で判断しましょう。△の答えに関しては、それが○か×になるまで、根気よく、魂に質問してみてください。

そしてそれにも疲れたら、寝る準備をしてください。また眠りに就く前のメディテーションをします。疲れ切っていたら、天窓を開けて天の光を取り込んでください。息を下腹部にめがけて吸いながら、天の光も吸い込んでください。自分にスポットライトが当たっているような感じで、煌々と照らされていると想像してください。頭の先から足の先、すみずみまで光を行き渡らせて、特に胸が動揺していたり、具合の悪いところがあれば、そこにもしっかり光を当てるように想像してください。やればだんだん気持ちが落ち着いてきます。調子がよければ、明日の予測のメディテーションをしましょう。そしてしっかり寝てください。明日の朝も純白の頭でスタートです！

Chapter 4
やるべきことが見えてくる「夢の扉」を開きましょう

ピン！　とくることや、なんとなく感じることに、すぐに反応できていますか？　それとも、「あのとき、あれっ？　と思ったのに……」と気がついてはいても、うまく行動できなくて、チャンスを逃して後で後悔することが、けっこうありますか？

自分に将来の夢があって、本気でチャンスを期待している人は、こういった感覚に自然に反応しやすくなっていると思います。

逃したチャンスは、何らかの理由でご縁がなかったものとして正解だと思いますが、自分にちゃんとした夢や希望がないばかりに、あらゆるチャンスを逃し続けているとしたら、それは夢を叶える決意が足りないのかもしれません。

「どうしたらいいかわからない」「自分の魂が求めているものがわからない」……そんな状態を脱出するためにも、自分の夢について、本気で考える必要があると思います。

夢は「完全に満たされた人生」のための手がかりなのですから。

私たちは毎日、自分の可能性と出会いながら生きています

毎日の生活の中で、数えきれないほどの人々や出来事と出会ってはすれ違うように、私たちは自分の可能性とも出会い、すれ違いながら日々を過ごしています。

ですから、人生の可能性は無限大に存在すると言えます。私たちが生きている限り、自分にいいことが起こる可能性もたくさんあるのですが、それを実現させられるかどうかは自分次第です。

「可能性のドアを開ける」ということが、簡単にできそうでなかなかできないのが私たちの問題です。

怖がらないでドアをどんどん開けて、次のステージへと突き進んでいくように生きている人もいれば、開けたいドアがあるのに、開けられない人、必要最低限のドアを開けて何となくすましている人、または新しいドアを開ける必要性も感じない人もいます。

可能性のドアに対する気持ちはそれぞれで、人によっても、時期によっても異なっています。

どのドアを開けるといちばんいいのかが見極められなくて、迷ったまま、ドアの前で立ち往生することもあるでしょう。ドアを開けるくらい何でもないことなのですが、開けてしまってから面倒になることを考えたりして、気になりながらも結局ずーっと閉められたまま、というドアがあなたの中にもいくつかあると思います。

「自分の魂を意識した生活」のドアも閉めっぱなしでいる方は、今ここで思いきって、まず「魂のドア」から開けてみてください。

自分の中で葛藤して渦巻いているフラストレーションや、自分をごまかし続けてきたこと、過去から積もり積もった、怒りなどのネガティブな感情、気づかなくていいことに気づいてしまうのではないかといった不安など、あれこれ細かいことは考えないで、ただ「魂のドアを開く！」と想像してみてください。

「魂の世界」は、迷い、本音、たてまえなどが渦巻いている自分の頭の中の世界とは違って、とても静かでシンプルです。雑念や雑音はなく、自分にとって正しいものだけがそこにあります。そして、**間違ったことにとらわれて、間違いの積み重ねにならないように、「これは違うな～」と感じたら、どんどん新しい可能性のドアを開けて移行していってください。**

間違いだって、人生を向上させるきっかけで、新しい可能性のドアを開けるきっかけなのですから。

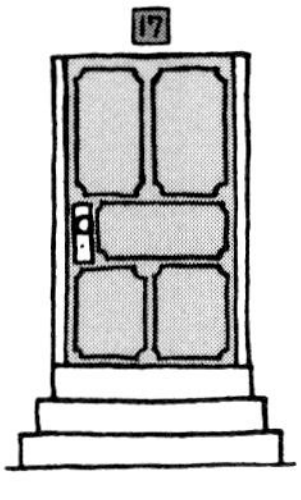

「やりたい」でも「できない」から「仕方ない」……の悪循環から抜け出しましょう

夢や希望は、実現できる可能性があるから生まれてくるのです。どうしても仕方なくあきらめてしまったことが、心の奥底でひっかかっているようなら、いつかは決意してそれを叶えるようにしてください。もともとのアイディアと違ったかたちでもかまいません。「あきらめ」が敗北感として自分の中に残らないようにしてほしいのです。私たちは「あきらめたこと」も「頑張れたこと」も同じように心にきざんでしまいます。

自分の夢を信じて頑張れたという自信が、魂の求める本当の自分らしさにつながっていくのだと思います。

「やりたいこと」には、「どんどんこなせる」程度のものもあれば、一生涯、またはそれ以上の時間を費やすようなスケールのものもあるでしょう。それがどんなことにしろ、本当にやりたいことができていないと、心にわだかまりが出てきます。仕方なく後回しにすることが続いて、自分では納得しているつもりでも、「やっておけばよかった」「いつもやりたいと思ってるんだけど〜」というような思いが知らないうちに積もって、いつの間にか自分は結局は何もできない人間なのではないかと、すっかり自信を失ってしまうこともあるのです。それでは夢の扉を開けるどころではなくなってしまいます。

思う通りにどんどん行動しているうちに、本当の自分が観えてきますし、自分の魂の求めるものも観えてきます。そして完全に満たされるとは何かもわかってくると思います。結局それは何かをひと言で言うとしたら、「やろうと思えばなんでも可能なんだという自信」なのだと思いますが、そういったところで、とにかく何でもやってみることでしか、個人的な答えは観えてこないのです。

人生はいつも、「やるかやらないか」この自問自答の繰り返しです。日々の細かなことから、自分の人生を大きく左右する決断まで、すべてが「やりたい」でも「できない」から「仕方ない」といった曖昧な悪循環にならないようにしてください。

どんな人生であれ、自分がやりたいことが思うようにできれば、本当の自分や直感、魂とのつながりを強く感じることができるでしょう。夢の扉がどんどん観えてきて、それを開けていく勇気も出てくるはずです。

「やる」も「やらない」も自分次第です。 そして、やりたいことがあるなら、それをいつから始めても遅くないのです。完全に満たされるために、本当の自分になるために、と自分を励ましてやってあげてください。

「愛と信念と情熱があったから遂げられた」そんな経験は、誰からも与えてもらえない、確かな自信になっていくのです。

過去、現在を見つめることで満たされてないものは何か、に気づきます

自分の過去や現在の時点で満たされていないことを、これからの未来で満たしていくために、それが何なのか、できるだけ把握するようにしましょう。

自分は何が満たされていないのかわからないのに、その漠然とした何かを満たそうとするのは、自分がどんな人を好きかも知らないまま、行き当たりばったりに惹かれるまま恋愛をして、立て続けに失敗するようなものです。そうこうして、やっと自分に必要な人がどんな人かわかるということは誰もがやっていることですが、なるべく早いうちから自分を知ることができるのなら、そのほうがいいと思いませんか？

では自分の魂の満たされていない部分をどうやって見つければいいのでしょうか。

自分の満たされない部分とは、生まれてから今までの生い立ちの中でできあがってしま

った空洞みたいなもので、基本的には親との関係で満たされていない部分のことです。ですから、愛情面、経済面、精神面などで自分が親から与えてもらえなかったものを、まず明確にしましょう。それが自分の満たされない部分の原形なのです。

私たちは親に与えられなかったものを、恋愛や仕事、友人を通して得ようとします。努力次第でかなり克服はできるのですが、自分に根本的に欠落している部分を補って満たしていくのは、一生かかって自分をつくり直していくようなものなので、そう簡単ではありません。

自分ひとりでは満たしきれない自分の中の空洞を、パートナーと愛し合い、癒し合い、そしてそれを感謝し合いながら、満たしていくのです。そしていつか自分の親も同じように満たしてあげられたら、さらに完全に満たされた境地になれると思います。

まずは自分の過去、現在の流れを見て、どうして今の自分があって、将来どんな自分になっていきたいのか、ということについてチェックしてみましょう。これは自分を満たすガイドラインとして有効です。

「自分の生い立ち」「両親の生い立ち」「両親の抱えている問題」「自分と両親の関係」についても考えてみてください。そしてそれが今の自分にどう影響しているか細かいところまで考えてください。

性格、食べ物の好み、人の好み、物の考え方、行動のしかた、感情の表現のしかた、ものの言い方、その中で**自分が大切にしたい部分、自分が嫌いな部分、変えたい部分、努力して変えた部分は何でしょうか。そして変えたいけれど引きずっている部分は何でしょうか。さらに、今すぐに何か変えるとしたら、何でしょうか？**

これくらい細かく自分を見つめると、自分が何を満たしたいのか観えてこないでしょうか。そしてさらに自分が親に深く傷つけられたことについて考えてください。

誰でも子どもの頃は感受性が強いので、大人が何の考慮もなしに言ったささいな言葉に完全に痛めつけられて、深い傷を追ってしまうものです。または親が自分の信頼や期待を裏切ると、それによって長い間傷ついてしまいます。この傷が引き金となって、今の自分があると言える人も多いと思います。それはどんな自分でしょう？　そして親以外の人から傷つけられた経験も深く根をおろしていないでしょうか。これらの傷のことを、今までどんなふうに思ってきたでしょう？　この傷を癒して、傷跡を満たしていくために、今まで何をしてきたでしょうか。

これもすべて完全に満たされた未来をつくる過程です。

これらのことをチェックして、自分の土台の欠陥を見つけて、それを埋めましょう。

そこからは、さらに完成度の高い自分を目指して夢を持ってください。

小さな夢と大きな夢が自分を前進させてくれます

自分の夢について考えているときは、想像力や直感がどんどん広がっています。今という時間を超えて、現実という空間を超えて、自分という次元も超えて、夢は広げたいだけ、いくらでも広げていけるのです。

例えば、千年後に自分の残したものが地球上に残っていたら、何らかのメッセージを発信し続けているだろうか……と、ずっと先の未来まで、自由自在に発想を発展させていくことができるのです。実際に私たちは今こうして生活しながら、千年以上も前に生存していた人々の残した言葉や魂、建築、夢などに触れることができています。建築物、文献、芸術、文化などから、ずっと大昔に暮らした人々の魂が、今でもメッセージを発信しつづけているのを感じることが、ごく当たり前にできているのです。

ですから、どうしようもなく自分がちっぽけに感じるときも、夢に可能性をかけて、夢だけは広げていってみませんか。「叶わない夢を見るなんて」と思う人は、それなりに努力すれば叶いそうな小さな夢と、生きてる間に叶えられるかどうかわからないような大きな夢と、両方を持ってください。叶えるのは少しずつでもかまわないのです。それに別に叶わなくても、誰も何も言いませんから大丈夫。

そしてどんな規模の夢でも、その半分は叶えるつもりで頑張ってください。猛烈な努力をして夢が全部叶いそうになったら、さらに次の大きな夢を持って、いつも自分の夢の途中半分くらいのところで頑張るのがいいでしょう。夢は全部叶えられた時点で、夢でなく現実になります。もともと自分がそこまでたどりつけたのは夢のおかげなのですから、さらに夢を持ち続けないと、それを食いつぶすばかりになってしまうのです。

ぼ～っと生きようが、ネガティブに生きようが、精一杯幸せに生きようが、どう生きようが、生きることの大変さや、心配事の種が尽きないのは変わりません。足元にある心配事を、ひょいと乗り越えるためにも、遠くに大きな夢をかかげてください。夢によって自分のお尻をたたかれて、モチベーションがあがっていくのですから。

夢を持つことは、自分に挑戦することでもあります。それがシンドイから、「夢は見ない主義」と決めている人もいます。でも夢を追っていなくても、人生はいつも自分に挑戦してくるものです。生きていくうえで自然に発生する困難にあおられて、お尻に火がついたみたいに頑張らされるのも、夢にお尻をたたかれるように頑張らされるのも、同じくらい大変なことではないでしょうか。でもそのやりがいが大きく違ってきます。

個人的なレベルの夢が叶ったら、社会的、地球的な規模のものに向けて、夢を育んでいってください。大きな夢の途中で終わることなど恐れずに、自分の夢を誰かが引き継いでくれる未来にまで夢を膨らませます。

魂レベルの夢であれば、時間と空間を超え、人の魂がある限り、その中に生き続け、自分以外の人の魂を通して開花していく可能性があるのです。

夢が大きすぎていきづまったり、夢を持ち続けることが大変になってしまったら、その夢があったから歩んでこられた道のりを振り返ってください。

その夢のおかげで想像もしてみなかった出会いやチャンスがきっとあったはずです。もともとあった夢が、今の時点でどんなかたちで開花しているでしょうか？　夢を追いかけた結果、さらに新しいかたちで夢が芽生えてきているのではないでしょうか。その夢をさらに育んでいくには、どうしたらいいかということにフォーカスしてください。**夢は、それに注ぐ愛情が足らないとフラストレーションに変わり、中途半端にあきらめると後悔に変わります。**無償の愛情と根気で、夢を支えていきましょう。夢の成果は愛情の賜物とか結晶とか、そんな感じであるべきです。自分勝手で無謀な期待と混同していなければ、何らかのかたちで必ず幸せをもたらしてくれるでしょう。

夢を持つことは、完全なる自分を知る手がかりにもなります

自分の夢と魂の間を行ったり来たりしているつもりで、「こうなればいいなぁ」「それはどうして？」と繰り返し自分に聞いてみてください。


「お金持ちになりたいな～」

「それはどうして？」

「裕福な暮らしがしたいから」

「それはどうして？」

「何でも欲しいものが買いたいから」

「それはどうして？」

「今は欲しいものが買えないから」

「それはどうして？」

「思うようにお金が稼げないから」

「それはどうして？」

「稼げる仕事に就けないから」

「それはどうして？」

「稼ぐためにやれることがないから」

「それはどうして？」

「やりたいことはお金にならないから」

「それはどうして？」


……というふうに、夢の理由の自問自答を繰り返すと、自分がこれからやらなければいけないこと、自分が傷ついていること、自分が変えたいこと、そして魂の底から求めている本当の幸せや、自分が完全に満たされるには何をすればいいのかが、わかるようになってきます。

この例の場合は、自分にとってお金持ちとはいったい何なのか、自分はお金があれば完全に満たされるのか、お金で何が買いたいのか、買ったもので自分の何を満たそうとしているのかなどを、深いレベル＝魂レベルで追求していくことができます。

「学校の先生になりたい」とか、「アフリカに病院を建てたい」「政治家になりたい」「専業主婦になりたい」「幸せな結婚がしたい」など、何でもかまいません。とにかく繰り返し繰り返し、「完全に満たされた自分」「完全に満たされた自分の人生」が見えてくるまで、自分の夢とその理由について考えてください。考えが途中で止まってしまったら、魂に「声を聞かせてください」とお願いします。自分の意識が止めてしまった思考回路がふたたび作動し始めるでしょう。

夢を持つことは、「完全なる自分」を知る手がかりです。

コラム

光の中にいること、闇の中にいること

私は物事の真相が観えていて、自分が何をしているのかハッキリとわかっている状態のことを「光の中にいる」、迷いや不安に押しつぶされていたり、物事の真相や自分が何をやってるのか見えていないような状態を「闇の中にいる」と表現しています。

イエスかノーか、正しいか正しくないか、白黒ハッキリしている魂の世界の性質を表現するのに、いちばんわかりやすいと思うからです。

「光と闇」で表現すると、魂的な幸せを求めて生活することは、「光の世界」で生活するということです。普段の生活の中では、なるべく光の中にいるように心がけていても、いつの間にか闇の中に入ってしまっていた！　ということがあります。この世の中には闇の中にそれとは気づかずに、またはそれがよいと思って暮らしている人がたくさんいて、そういう方々と常に共存しているのです。例えば自分の家族でさえ、闇の中から頑固に出て

こなかったりするものです。

光の中ではすべてがありのままに観えますから、どこに何があって、何が起こっていて、自分がどんな立場に置かれているか、この先どうなるか、すべて把握できます。しかし闇の中ではそういった全体像は観えません。

しかし闇の中での生活は、慣れてしまえば、ある意味「楽」です。だいたいどこに何があるのか、どうすればいいのか、自分に必要なことだけわかって、生活さえできれば、そのほかのことは気にさえしなければいいからです。

「知らぬが仏」とばかりに、「日常生活に魂的な意味なんか見出さなくてもイイヨ」「見えなくても関係ないもん」くらいに思っている人もいます。そういう人は、まわりが見えないので、何か問題にぶつかったら、自分の一方的な立場からしか対処できません。問題にぶつかるまで、自分の立場も見えてこないでしょうし。

魂の観点で物事の真相をとらえていく生活とは、そんな闇の世界に住んでいた人が、光の世界に移り住むようなものです。暗闇にパッと明かりがついて、今まで観えなかったものがありのままに観えてくる。それまで気にならなかったこともすべて露になって、最初はとまどうかもしれません。

光の世界にいるからといって、楽ができるわけではありません。予知能力で、将来いつ、どのように、何が起こるかわかっても、魔法で一瞬にして物事を片づけるようなわけにはいかないからです。行動しなくてはいけないことや、それにかかる労力は同じです。

しかし、現在、過去、未来の真相を知ることで、先が見えない恐怖や不安、理由のわからない焦りや嫉妬、怒りなどのネガティブな気持ちをコントロールすることができます。それを極めれば、そんな感情は消えていきます。光の世界にいると、「生きる心構え」＝「気持ち」が楽になるのです。

Chapter 5

意味のある人との「関係」を築いてゆきます

自分が満たされない部分を、他の誰かに満たしてもらおうとするのは、ごく自然なことです。しかし、ここで「満たし、満たされる」という満たし合いの関係がないと、誰かに依存するばかりで自分を見失ってしまったり、便宜上のつきあいばかりして、本当の友人や恋人、伴侶に出会えなくなるかもしれません。

本当に誰かに満たされるというのは、その人の存在から自分自身を満たす方法を学び取って、自信をつけさせてもらえることです。「子どもに魚を釣って与えるのではなく、魚を釣る知恵を与えなさい」ということわざがありますが、まずは自分を満たすには何ができるか、というインスピレーションをくれる人との関係を大切にしてくださ い。そして自分も相手を感化できれば、自然に手を貸し合う関係になっていけるでしょう。最初のパートナーは自分の魂です。一生を通して、魂をわかち合えるような人に何人出会えたかが、本物の財産だと思います。

人生の可能性をより広げ合える ソウルメイトの見つけ方

ソウルメイトは文字通り「魂の友」です。魂レベルが一緒で、魂の出どころが一緒なのではないかと思えるくらい、魂同士で通じ合えて、思想、発想、観点などに共通点がある人です。

「気の合う友達」以上のレベルで影響し合い、学び合い、救い合えるような関係が成り立つ人で、生き方や、仕事、生活環境、社会の中での役割は違っても、その人の根本的な部分に同じものを感じて、なぜかその人を愛さずにはいられない、そんなエネルギーを持っている人がソウルメイトだと思います。お互いに惚れ込んで、尊敬し合えるような友達は、お互いに見つけ出さないといけないと思います。

それには、志のレベルとか、人生で大切にしていること、目標や夢、そして何よりも誠実さや素直さが人に伝わるような生き方をすることだと思います。一生懸命さや、不完全なりにも自分を偽らないで生きている、そんな姿を見て、お互いを魂の同志として見られるようになってはじめて、ソウルメイトという関係が生まれるのだと思います。

自分が投げやりになっていたり、堕落しているときに慰め合うだけで、それを一緒に打破できない友達とは、一時的に同情をし合うだけの仲で、魂レベルのつながりにはなっていかないでしょう。そういう関係は、お互いの言い訳や嘘、偽り、ネガティブさを支え合うような、お互いをダメにし合う依存の関係になってしまうことが多いのです。そういう友情が必要なくらい落ち込むこともあるかもしれませんが、お互いつらい闇の時期を脱出した時点で役割が終わってしまって、後々連絡も取らなくなるケースが多いのです。悪い時期を一緒に過ごした人は、自分につらい思いを回想させるので、結局は避けてしまうことになってしまうのでしょう。

ソウルメイトは、出会った瞬間から、自分の魂を奮い起こさせてくれるような、そしてそんなパワーをお互いに与え合うことができる、インスピレーションの湧く関係の成りたつ人です。その人の前ではいい加減なことできないな、と自分に思わせてくれるようなインパクトのある人がまわりにいるでしょうか？

本当のソウルメイトは、たとえ遠くにいても、いつも自分の魂の中に住み続けてくれるでしょう。

ソウルメイトは感性でキャッチするものです。自分の好きなもの、自分の愛するもの、自分が尊敬する人、自分の理想、夢などをいつも追いかけて、そういったものとの結びつきを大切にしていれば、そんなあなたに共感を感じてくれる人のいる場所に導かれていくでしょう。自分の魂が幸せになる場所に行ったり、自分の魂のメッセージを発信していれば魂の友に出会えると思います。

自分が誰かのことを心に思っている限り、あなたは孤独ではありません

前世で孤独だったから、いまの自分も孤独なのでしょうか、と聞かれることがあります。確かに、前世で孤独に生きて、今世でも同じように、孤独な環境に身をおいている人はたくさんいます。しかし今世があって生きている限り、自分の思うように人生をつくっていくことが、いくらでもできるのです。

もちろん両親も兄弟姉妹もいなくて、天涯孤独な人もいますが、それでも家族や、家族のような間柄の人間関係をつくることは可能です。ですから、前世で経験したことが、自分の今の人生を定めることはないと思うのですが、前世で経験しなかったことは、今世の自分の中に、なかなか根づかないという傾向はあるように思います。

ひとりっ子で育ったり、家族的な生活を知らずに育った人は、家族のつきあいや団体生活が苦手だったり、ひとりでいることを好んだり、孤独に慣れてしまって、人との共同作

業ができなかったりして、それが恋愛や結婚、仕事にまで影響してきます。これは前世も今世も影響は同じです。自分が孤独なのはなぜか、自分で孤独を選んでいないか、よく考えてください。

実のところは、血のつながった家族が、必ずしも自分を守ってくれたり、助けてくれたりするわけではありません。家族が大変仲良くて、強く結束しているというのは、当たり前のようで、そうでもないのです。遺産相続争いや、親子間の虐待、身内との縁切り、勘当など、家族にまつわる不幸はよくある話で、他人とのトラブルよりも業が深いものになりがちです。自分が人生をつくっていくという視点からすると、孤独は自分で選ぶもので、与えられたものではありません。

自分が孤独であることが嫌なら、魂と愛情で結ばれるような伴侶や友人をつくればいいのです。「人間はひとりで生まれてきて、ひとりで死んでいく。最終的には誰もがひとりぼっち」と言いますが、考えようによっては、そうでもありません。自分が生まれてきたときに、同じように生まれてきた人がたくさんいますし、自分が死ぬときに、同じように死ぬ人がたくさんいるのです。人生のどんなときも、自分の前にも後にも続くように、同じような体験をしている人がたくさんいるのです。

毎日の生活の中で、何か知らないことにぶつかっても、たいがいまわりの人の見よう見真似で切り抜けられたり、小耳にはさんだ他の人の体験話と同じことが、自分に起こることってありますよね。

自分が何も知らなくても、まわりの人に聞きまくれば、たいがい何でも乗り越えられるように、この世の中はなっているのです。ですから自分が心を開いているときは、自分は決してひとりではないのです。ほっておいてほしくても、なかなかひとりになれるものではありません。自分が寂しいのは、自分の愛情を注ぐ相手がいないからです。人と関わるのが面倒くさくて、寂しさを選んでいるのかもしれません。

こればかりは自分が努力して変わるしかありません。無理に人とつきあわなくても、本当に一緒にいられて幸せだと思える人との出会いを求めて生活をしていれば、自然に友人は増え、本当に愛せる家族もつくっていけます。

家族は自分の伴侶や子ども以外にも、仕事仲間であったり、自分が親身になってつきあっていける友人であったり、いろいろなかたちがあると思います。魂の絆で結ばれている間柄であれば、それは永遠に続くと思います。家族も友達も、欲しかったら自分でつくるしかありません。

それにひとりで生きているからといって、孤独とは言えないのです。**自分が誰か他の人のことを気にかけているかぎり、孤独ではありません。**自分の毎日の生活の中で関わる人のことを、気にかけてあげられたなら、なおさらです。

前世の経験によって、自分に残っている行動パターンがあったとしても、それを引きずって生きる必要はないのです。それに、それを改善してキャンセルしてしまうために今があるのですから。「ひとり＝孤独＝寂しい」の構造は、「自分を大切にするひとりの時間」を充実させたら「ひとり＝自由＝幸せ」に変わるのではないでしょうか。

偶然再会するような縁には、何か意味があるのでしょうか

どんな偶然の出会いにも意味があるとはいうものの、何度偶然同じ人にすれ違おうと、お互いにピン！　とこなければ、ご縁はないと思って正解でしょう。その人がどんなに素敵な人で、「もしかしたら……？」なんて気持ちが芽生えても無視してください。

こちらがピンときても、相手が何も感じなければ、ご縁にはなっていきません。多少なりともお互いを必要とし合える仲でなければ、その出会いに意味が生まれません。

別れた恋人とバッタリ会ったりするのは、「この人とはうまくいきませんでした。もう別れた人」と確認する意味があるのだと思います。いくら未練があっても、別れることにした時点で、もうお互いを必要とし合わないことに決めてしまったのですから。それ以上の意味があるとしたら、別れに至るまでのネガティブな思い出を清めて、別れた当時より素敵になっている自分を見てもらってイメージを挽回するためでしょうか。

しょっちゅう出くわす人と「これはもしや？」と思ってデートしてみて、つきあって、でもダメで結局別れたのに、またバッタリ会ってしまった！　それどころか、しょっちゅう出くわす！　というケースもよくあります。

これは最初からつきあうべきでなかったということです。こういう出会いの多くは、「たまたま出くわした」以外、他に何も接点がないことが多いのです。

そのときたまたま寂しかったとか、誰かと一緒にいたかった、恋人を探していた、というだけでは、「いいご縁」と判断できません。たまたま出くわしたときに、お互いお腹がすいていて、一緒に食事をすることにしても、それ以上接点がなかったら、ご縁は育たないと解釈してください。

この世の中には、たまたま同じタイミングで生活している人がいますが、それ自体に深いご縁があるわけではないのです。

どんなに毎日出くわす人であっても、生活が変われば、もう何の関係もなくなってしまうのです。

ご縁のある人は、一生を通して絆を深くしていくような関係の生まれる人です。一緒に仕事をしたり、友達になったり、恋人になったり、家族になったり、実際に会ったことのない人でも、（例えば）繰り返し同じ作者の作品に惹かれたり……そんなふうに、自分の魂や意識の中に深く根づいていくような関係になっていくのがご縁のある人で、さらにその縁を重ねるようなご縁に恵まれるのが、正真正銘のご縁というものだと思います。

本当に出会うべき恋人や伴侶はどういう人なのでしょう

恋人と夫婦は前提として、不定的な関係か、半永久的な関係か、という点で違いがありますが、どちらも自分たちを完全に満たすための役割があることには変わりありません。

この「完全」というのは、「この人とさえいられれば私は幸せ！」と思えることで、その恋人または伴侶と一緒にいられたら、自分は日々満たされて、欠点も補えて、完成度の高い人間になっていけるだろうと安心できることです。

私たちが恋愛相手や結婚相手を探しているときは、自分にないものを相手に求めたり、自分にないものを与えてくれるような人を夢見たりしがちです。これは自分を完全にしたいという気持ちの現れだと思います。それと同時に、不完全な自分を「そのままでいいよ」と認めてくれる相手であってほしいと望んだりもします。

自分が完全になれることを夢見ながら、お互いの不完全さを補い合える。今の自分を肯定しながら未来の自分を磨いていける。そういったことが、ごく自然にできるのが理想的な関係でしょう。常にお互いのことを学びながら、お互いを改善しないと、よい関係を維持していけませんから、惜しみなくそんな努力ができる雰囲気があれば、恋愛も結婚もうまくいくでしょう。

しかし恋人の関係の場合は、今の自分を満たしてくれても、自分が成長するにつれて、それでは物足りなくなってしまうことがよくあります。どんなに相手が好きでも、心のどこかで「ずっと一緒にいるかどうかわからない」と思うから、相手が自分と同時に成長していってくれなくても、仕方ないと思って放っておいてしまったり、相手を好きなばかりに、気になるズレを言えずに調整できないままでいると、限界がきてしまいます。どうしても変えられない問題に衝突したら、そこで関係が終わってしまうかもしれません。

夫婦にしても同じことが言えますが、こちらは末永く一緒に生活していくことが前提ですから、どうにかしてお互いの足並みを揃えることを強いられます。でないと身動きが取れなくなってしまいます。

魂の観点から見た「いい関係」とは、一緒にいることで魂を清浄に保ち合える、一生を通して魂を磨き合える、どちらかが間違っていたら指摘し合えて、足らないところは補い合い、お互いの魂が汚れていかないように、守り合うことができる関係です。

外でなにが起ころうと、家に帰ってくると安心して自分の本音で物事を考えられる、本当の自分に戻れる、すべての過ちを反省し、再スタートが切れる。誰にでもそんな場所が必要です。

本当に幸せな恋愛や結婚をしているときは、「一緒にいられたら何もいらない」と本気で思うでしょう。それが完全に満たされた心境です。愛し合える人と一緒にいるときは、何がなくても完全に満たされた気分を味わえるのです。実生活のうえでは何もいらない、というわけにはいかないので、自分たちに欠けているものが見えてくるたびに、それを満たしていけば、さらに完全な自分たちになっていけるのです。

一緒にいればお互いに成長していける、完全に近づいていける、そんな可能性を感じさせてくれる人が、自分を完全に満たしてくれる人だと思います。いつも愛情をもって柔軟な気持ちで、共通の理想を一緒に追っていけると最高です。

他人と自分をついつい比べてしまうのは、自分の中に空洞があるからなのです

私たちの中にあるコントロールできない感情は、何かしら幼少の頃にできた精神的な傷が関係していると思われるのですが、「ねたみ」や「ひがみ」は、いつも親が自分のことを、兄弟姉妹や他の誰かと比べて評価していたとか、なにかと我慢させられたとか、「あなたはダメね」と言われ続けてきたとか、または親自身が「ねたみ」「ひがみ」の強い人だとか、そんな体験が根っこにあると思います。まずそれは何か、考えてみてください。

私たちには、生き残るための敵意や競争心がありますし、他の人と自分を比べて、自己評価して悔しい思いをするのは誰にもあることです。しかし、「ねたみ」「ひがみ」は殺意にもつながる感情ですから、相手でなくても、ストレスや心の病などになって自分を殺してしまうかもしれないのです。だからそんな感情に振り回されるのは不健康です。

「ねたみ」や「ひがみ」をモチベーションにして成功する人もいるかもしれませんが、そんなネガティブな感情より、「完全」を求めた結果として成功するほうがいいのです。「ねたみ」や「ひがみ」は、人相や、ちょっとした言動に現れますので、人に与えるイメージもよくありません。人のことをやたらうらやむことは、子どもの頃の感情がそのまま出てきているということなので、「子どもっぽい」と思われてしまうこともあるでしょう。

「うらやむ」「ねたむ」「ひがむ」に振り回されるのは、子どもの頃から空洞になっている部分が満たされていないからです。自分が完全に満たされていれば、他の人をうらやむことも、ねたむことも、ひがむことも、なくなります。本当にそうだと思います。この完全に満たされるというのは、自分が誰であるかを知っていて、自分にできることは力の限り尽くしている、という自信や満足感があるということです。または、自分の限界を痛感するくらい努力できていない人が、完全に満たされることはないでしょう。

ねたみ、ひがみがあると相手に対して、「偉そうだ」「自分だってあれくらいできるのに」「たまたま運がよかっただけ」「たいしたことない」「ズルイ！」「いい気になって！」「お気楽そう」などと感じてしまいます。でも相手の真相はわからないのです。何かを手に入れるためには、誰でもそれなりの努力と苦労をしているはずですから、多かれ少なかれ、本人は当然と思っているでしょう。

むやみに人のことをうらやましがるのは、相手の自尊心や株を上げることにはなっても、自分が得るものは敗北感しかないのではないでしょうか。

そして「自分のことばかり考えすぎ」ということもあるでしょう。「私が」「私は」「私なんて」と、私事にとらわれているのは、「満たされない自分」にフォーカスしすぎているのです。自分がすでに満たされている部分、これから満たしていける部分について真剣に考えてください。「世の中にはそういう恵まれた人もいるんだ」とあっさり目を逸らして、自分のするべきことを考えてください。完璧にではなくても、限界の見えるところまで自力で頑張って、「今の私の能力では、もうこれ以上できない！」と納得するところまで全力を尽くしていたら、人をうらやんだり、ねたんだり、ひがんだりする余分なエネルギーは余らないはずです。「これだけでもできてよかった！」と素直に喜べるはずです。

自分ができないことをやっている人のことよりも、自分を知って、自分の幸せについて考えてください。必ず恵まれた部分があるはずです。

自分でもできそうなことを人がやっているのを見てねたむのなら、実際に自分でも、やってみせるしかないのです。でないと、努力ができていない自分にイライラして、「自分はできない」と負けを認めてしまっていることになります。結婚や子ども、名声、お金など、自分で「別にいらない！」と決めたものの、そのことでひがんだり、ねたんでしまうようなら、まだそのことに対して未練があるということです。

ビジネスで成功した人、スターになった人、玉の輿にのった人、話題になった人、素敵な結婚をした人、お金持ちで羽振りのいい人……そんな「うらやましい人」は世の中にたくさんいるのですから、いちいちうらやましがっていてはキリがありません。たまたま自分が見聞きしたことに嫉妬したところで、同じような嫉妬の対象が星の数ほど自分を取り巻いているのです。英語では、Who cares?（誰が気にするわけ？）という表現がありますす。これには「そんなこと気にするなんてバカみたい。私はそれどころじゃないわ。もっと大切なことがあるのよ」という意味があります。

「私には私の幸せがある」。いつもそう思ってください。むやみに人をうらやむのは大変疲れることなのです。思うようにできない自分に、腹をたてているので、よけいに自分を嫉妬させる相手に頭にきます。そんな悪循環から脱出して、魂の底から完全に満たされた自分を想像するところから、再スタートをきってください。発展性のない、自分をつぶしてしまう思いは、無駄なもの。魂レベルで考えると、こういった感情があるときは、自分の魂から目が逸れているということです。

嫉妬心をかきたてる人には、近寄らないのがいちばんです。うらやましい人には、「うらやましいわ〜」と自分の気持ちを吐き出して、スッキリさせてください。そして、その人の努力を見習うようにしましょう。

「ねたみ」「ひがみ」の原因である幼少の頃の傷を追究して、いつから、何が自分にそんな感情を植えつけたのか、考えてください。「あのときのことが傷になっているんだな」と理由がわかれば、それを癒せるまで、「ねたみ」「ひがみ」を誘発する人とは距離をおいてください。

コラム

サイキックに相談するときは　こういうことに気をつけましょう

自分の気持ちが混乱しているとき、信頼できる人に相談できるのはいいことです。どうしたらいいかわからなくなってしまったときには、一時的に見失った自分の魂や直感とのコネクションを補強してくれるような、いったん塞がってしまった自分の心と第三の目を覚ましてくれるような、ハッとするような助言をしてくる人に相談してください。

サイキックの存在は知られていても、実際それがどんなものかという内容や質については、あまりきちんと紹介されたものがないように思います。不吉なことばかり言ったり、やたら値段が高かったり……。

よいサイキックによる、よいサイキック・リーディング・セッションとは、「直感同士の会話」のような感じです。事情を説明しなくても、あなたの内外の状況が伝わりますから、いきなり物事の真髄に入って、そのテーマについて直感同士で会話が進んでいきます。

本当によいセッションでは、「ハッ！」としたり、鳥肌が立ったり、まるでどこからともなく風が吹き上がるように精気が上昇したり下降したりするのが体感できます。ぼんやりしていた魂に活が入るような、良い意味で、飛び上がるくらいショックな感覚があれば最高のセッションです。

または助言をもらっても、「ハッ！」とひらめくまで判断しないことです（わけのわからないまま、言われた通りにやってみてはじめて「ハッ」とする場合もありますが……）。「わからない」と自分に言い訳をして、直感を使わずに自分をごまかしていると、他の人にもごまかされてしまいます。ニューヨークの道端に派手なネオンサインを出しているようなサイキックには「あなたには悪いものが憑いています！」と脅してお金を巻き上げられてしまいますから、行かないでください。

自分の人生ですから、最終的には人まかせにしてはいけないのです。悪いものの一つや二つ憑いていたって何てことないのです。誰にでもバッド・ラックはあります。それを自分で取れるようになるのが大切で、人に取ってもらおう、なんて考えてはいけません。弱みにつけ込まれないように。

Chapter 6

完全に満たされた「自分」になってしまいましょう

「自分を完全に満たす」ということを、今まで考えたことがない人もいるでしょう。完全にどころか、実際には生活をちょっと変えることすら、なかなかできないし、変えても続かないから苦しむわけです。でも、自分にとっての完全が何かもわからなかったら、自分を満たしていくことはできません。

今の現状が簡単に変えられないようなら、自分の中の意識から少しずつ変えて、完全にしていけばいいのです。まず、「変えようがない」と思っている自分から変えていきましょう。誰だって不完全ながらに生きているのですが、何があれば自分が完全になれるか、わかっているかいないかで、「希望」や「理想」や「夢」の質や次元が変わってくると思います。それは自分の幸せの質や次元に影響してきます。

完全に満たされた自分というのは、どういう自分でしょうか?

どうしても苦手なことが、私たちにとって最高の課題なのです

誰にだって、どうしても苦手なことがあるはずです。

体が硬いとか、運動が苦手、勉強が嫌い、計算が苦手、英語が嫌い、話し下手とか、根気がない、忘れっぽい、片づけるのが苦手、節約ができない……とか。たいがい苦手なことは、もともとの体質や性質、遺伝などの影響が強くて、なかなか克服しにくいものです。

生まれもった性質なので、なぜ自分はそうなのかなんて考えても仕方ないのですが、でも、だからこそ魂磨きには最高の課題で、必要な要素なのです。


気をつけなければいけないのは、**小さいときから苦手だったことを放っておいたばかりに、それがコンプレックスになって自分の魂の光をさえぎるシコリになってしまうことがあるということです**。そして、そのシコリに触れられたことで、ネガティブな感情が爆発したりすることがあるのです。

自分が「できない」と思っていることや、やりたかったけどできなかったこと、「あなたには無理」と言われたことなどは、普通の生活を営む障害にはならなかったとしても、自分の傷となって残り、不意に自信喪失の原因になったりします。または自分の中に深く根づいたコンプレックスが、説明しようのない不快感や自己嫌悪感となって、自分を麻痺させて、自分に「できない」と自己暗示をかけてしまうこともあるのです。

苦手なこと、できないと思っていたことに、あえて立ち向かう時間をつくってみてください。なにも上手にやる必要はありません。自分の弱点を人知れず克服しようとする努力を積むことが、自分に自信を与えてくれたり、エゴや虚栄を抑制してくれたり、漠然とした不安を鎮めてくれる効果があるのです。

「やっぱりダメだ……」と思って、いったんやめてしまっても、また挑戦する気が出てきて、コツコツやっているうちに成果が現れる感動はとても大きいものです。納得するまで長く続けていけるのが理想的です。

結果なんて気にしないで楽しめる自信と余裕が、私たちの人生を豊かに、楽にしてくれるのですから。何かひとつ見つけて、やっぱり苦手みたいだけど時間をかけたら少しはマシになっていく感じがするな〜、くらいに思えるようになれば大成功です。いくら憧れていることでも、苦手なことに挑戦するのは簡単じゃありません。でもやらないと、いつまでたっても「自分にはできなかった」とブツブツ言うことになったりします。挑戦して惨敗したとしても、それで未練が消えるほうがいいのです。

そもそも何かがコンプレックスになっているということは、願わくばそれを克服したいという気持ちがあることの現れでもあります。探せば必ず克服方法が見つかるはずです。

話下手ならいっそのこと口数少なく、笑顔で好感度をアップすることもできます。下手にあれこれ話そうとするよりも、それこそ自分の魂に聞いて、必要最小限、自分の真心を伝えられるパンチラインを持っておくのもいいでしょうし、言葉じゃなくても、生活態度や仕事ぶりで自分を表現すれば、それでいいと思います。文章や絵、音楽で自分の気持ちを表現する人もいますし、そんな口下手な自分を感覚的に、魂レベルで理解してくれる人を見つけ出していくことのほうが大切なのですから。

根気がなければ、いろんなことをちょっとずつやるとか、休憩をこまめに取る。忘れっぽいならメモをするとか、まわりの人に「絶対忘れるから思いださせてね」と頼んでおくとか、自分の留守電に録音しておく。

こうやって先手を打つのもひとつの方法ですが、何か忘れてもすぐに他の代用を見つけたり、方法を変えるなど、自分を柔軟にしておけば、たいがいのことは乗り越えられます。

自分のコンプレックスを抑え隠さないで表に出してしまったら、それをいちばん気にしているのは自分だと気づくはずです。自分のコンプレックスをネタにして、起業したり、商品を企画したり、本やコメディーにして大成功している人もいますし、世の中に偉業を残している人は、コンプレックスがあったから頑張れたという人が多いのです。ですから、コンプレックスとも積極的につきあって共存していきましょう。

他人のやりたいことを助けてばかりいて、自分のことをほったらかしにしていませんか？

いつも人のことばかり考えて、自分のことは後回しになってしまう人がいます。仕事でも頼まれるとイヤとは言えず、そちらを優先して、結局自分の仕事に支障をきたしてしまったり、友達の恋愛相談にふりまわされて、自分の恋がうまくいかなくなってしまったり……。

人に感謝されたり、期待されたりするのは、やる気を起こすキッカケにもなりますよね。自分のことではないので、冷静に、気楽にこなせるという面もあります。それに人間は本来、奉仕の精神を持って生まれてきていると思うので、自分のことを放ってでも、他の人を助けるほうが気持ちよいというのも確かです。

ところが他の人を助けてばかりいるうちに、自分のことがおろそかになりすぎて、自分の生活は問題だらけの人がけっこう多いのです。それでも平気な方もいらっしゃいますが、やはり基本的に自分が幸せでないと、他の人を幸せにすることもできないでしょうし、何もかもに嫌気がさしてしまう前に自分の問題に取り組みましょう。
「こうやって人のために費やしている時間を自分のことに集中できたら、どんなにいいだろう……」と思い続けている方は、自分に自信がないのでしょうか。それはそれで仕方ありませんが、自分のことをちゃんとする時間や方法も何とかして絞り出せるはずです。本気になれば。

ここで、方向転換して自分の理想を追求して生きるために……5つの質問をさせていただきます。

1. 自分のやりたいことが、自分の喜びにつながりますか？
　そしてそれがさらに他の人にも喜んでもらえることにつながっていくのでしょうか？

2. 他の人のために頑張ることで、自分の問題から逃げていないでしょうか。

3．本当にやりたいことができていなくても、自分さえ気にしなければいいと妥協していませんか？

4．自分の理想を追うためには、根本的なところから、自分自身や今の生活を変えなければいけないことに面倒くささを感じて、放ったらかしにしていませんか？

5．「そこまでしなくても」とか「今さら」なんて自分に言い聞かせ、納得させてあきらめていませんか？

1の答えがイエスで、2～5までの答えにイエスが一つでもあれば、今すぐやりたいことにとりかかってください。

これが自分が想像もしなかった、新しい生き方や仲間に出会える唯一の方法で、それをやれば人生に新しい次元と空間、時間が生まれます。

何かをやった一時的な結果などはそんなに大切ではなく、新しい層と可能性を自分の人生に加えることが、自分がやりたいことに挑戦する本当の目的ですから。

成功するとかしないとか、そういうことを気にして最初の一歩を踏み出せないのであれば、それは魂が本当にやりたいことではないのかもしれません。本当にやりたいことは、それができているだけで幸せを感じられます。それになんとしてもよい結果を出したいと思うはずですし、そのために、無償の努力ができるでしょう。

他の人のために頑張れるなら、自分のためにだって頑張れるはずです。

まずは、やるって決めたからやる。自分がやらなきゃ誰もやってくれないからやる。やってみないと、本当にやりたかったかどうかわからないからやる。

そして、その結果がまたさらに誰か他の人のお役に立てば最高です。その循環ができあがったら、自分の未来の可能性や、もっとやりたいこと、もっとできることが観えてくるでしょう。そして、それが本当に自分が出会うべき人や生き方に、自分を導いてくれます。

自分のやりたいことで、きっと誰かのお役に立てると思って頑張ってください。

自分が生きている意味や使命は、こうして見つけてみましょう

私たちには生まれた瞬間から、まわりの人を励まして元気にするという使命が与えられていると思います。赤ちゃんは生まれてきただけで、親やその周囲の人々を励ましますよね。「元気」の塊ですから。

人間の基本的な営みとして、親になって命を育んでいく使命がありますが、子どもがいなかったとしても、人を感化して励まし、元気づけて、命を育てていくのが使命なのではないでしょうか。そして、それは社会的に親のような存在になるということだと思います。

私たちは生まれた時点では、「生きる意味」なんて考えていません。ただ一生懸命「生きている」それだけです。

それが成長して、いろいろな困難にぶつかって、絶望的になってしまったり、つらくてたまらなかったりすると、自分はどうして生きているんだろう、自分に使命なんてあるの

だろうか……と考え始めてしまうのです。子どもがいれば、子どものために生きなければと考えるのでしょうが、そうでもなければ、何でわざわざ生きているのか、疑問をもってしまうようなことが、誰にでもあるものです。それこそ自分の魂の声に考えさせられているのでしょう。

自分の人生を思い残すことなく、自分の命を使い切るのが使命を果たすことだと考えると、あなたは何がしたいでしょう？

普通に幸せに生活されていて、立派に仕事に就かれている人から、「自分に与えられた使命を知りたいのですが……」と相談を受けることがよくあります。

自分のやっている仕事で使命を果たせるとは思えないとか、使命感を感じるほどの仕事じゃないとか、生活はできているけれど、それ以上の達成感や意味、生き甲斐のようなものが感じられないとか。使命を感じて仕事を選んだ人でも、実際の職場での業務内容や上司、同僚、クライアントとの人間関係や仕事の過程、成果から、すっかりやる気をなくしてしまうようなこともあるのです。

しかし、その自分がやる気をなくしてしまう原因や、自分が直面している問題、もっとさかのぼって、今までの人生のなかで自分を苦しめてきたことを見つめることで、自分に与えられた「使命」が浮かび上がってくるのです。

まずは、自分が行動することで人を感化して、「この人みたいに頑張ろう！」と元気とやる気を出させてあげられる存在になるのが使命の基本、と考えるとわかりやすいのではないでしょうか。

ですから、いつも元気で前向きで、笑顔を絶やさないでいられたら、基本的な使命は果たせていると思います。でも誰かに必要とされているとか、何かの役に立っている、という実感がないと、使命感が湧かないというのも、確かにありますね。

それなら、自分が実際抱えている問題について考えてください。または自分の中に根強く残っている、つらい体験や、それを克服した体験を思い出してみましょう。それがどんなものでも、世の中には同じことで思い悩んで、助けを求めている人が必ずいるのです。

ですから、問題を乗り越える過程であなたが経験したことを活かして、同じようなことで困っている人を助けてあげられるはずです。それを仕事を通してできるようになると、天職となります。

問題というほどの問題がないと感じる人は、自分ができることで、人に喜んでもらうには、何ができるか考えてみてください。自分の好きなことや元気の秘訣を、なるべく多くの人と分かち合うには何ができるか……。または何かのきっかけで、すごく喜んでもらえたり、必要とされることがあったら、それを使命として続けてみることを考えてください。

自分自身の性格、持って生まれた性質、体質、家族や友人、学校そして仕事などで、問題になっていたり、いつも関わってきたこと、関心があったことを追求することが、使命を見つけるための手がかりになります。

人に何かを教えるのが好き、絵を描くのが好き、料理が好き、体力に自信があるというような、得意なことで使命を見つけるのもいいでしょう。

精神的、肉体的な病気や障害、アルコール、ドラッグ、ギャンブル、金銭トラブル、崩壊した家族関係などの問題を乗り越えた体験があるなら、それを活かして同じ苦しみを味わっている人を助けることを使命にすると、自分が味わった苦労も尊いものとなります。

家族や社会に性懲りもなく繰り返される問題に、ただ心を痛めていないで、その改善に貢献できることをやってみましょう。

　自分に与えられた問題をチャレンジとみなして、それを解決するエキスパートになったときに、自分に与えられた使命とのご縁を感じるようになれると思います。本当の使命と出会った瞬間に、自分はこれをするために生まれてきたんだな、という感じがするものです。または、結局それしかできることがないと自覚させられることがあるでしょう。そのうえ、それをすることによって、自分がとても癒される感じがして、本当にそれができてよかった、と感謝と愛情があふれてくるものです。

どんなに自信がないときでも、必ず自分が何かの役に立てることがある、誰かに必要とされることがある、と思い続けなければ使命は果たせません。それさえも困難になって、不安がつのっていくときもあるかもしれません。それでも、そんな不安をぬぐって、平然と前向きでクリエイティブに生きている――そんな頼もしい人になって、そこにいるだけでまわりの人にパワーを与えられるような存在になってください。それだけで、大きな役割を果たしていると思います。これを個人的規模で始めて、地域的、社会的規模にまで発展させていくことができると思います。

ほんの日常の風景から元気をもらえることがたくさんあります。私は、スーパーのレジで財布が見つからずに焦っているときに、「大丈夫。ゆっくり、ゆっくり探せばいいんですよ」とレジ係の人に言っていただいたことで、そのときの自分の生活のペースの乱れのひどさに気づかされたことがあります。

その方は、それを使命だと思っているわけではないかもしれませんが、ごく当たり前に、一人ひとりのお客さんに、思いやりのある言葉をかけていらっしゃいました。

忙しさや疲れで、すっかり散漫になる思いやりや心配りを、思い出させてくれる人っていますよね。この人みたいに頑張ろう、あの人の仕事ぶりを見ていると元気が出てくる……他の人からそう思われる人でいる、ということも立派な使命になりえるでしょう。

自分がまず行動してまわりの人を感化していく――それを毎日同じペースで持続するのは大変だと思いますが、積み重なっていけば一年後に成果となって現れると思います。この努力が使命感となって人に伝わっていくのです。そういう努力を積み重ねていくうちに、気がついたら、いろんな機会にいろんな人を感化していける存在になっている……。

何をして人を元気づけるか、これがすべての人間に与えられた使命で、自分が生きて生かされている意味なのだと思います。

運気が悪くて災難続きでどうにもならないときでも、それを調整する方法があります

人生は生きれば生きるほど複雑で困難になっていくものです。「子どもの頃は楽しかったのになー」なんて思うのは、親や兄弟姉妹など自分の面倒を見てくれて、楽にさせてくれる人がいたからで、本当のところは生きていくのは楽ではありません。それをシンプルに、なるべく楽に生きられるような工夫をするのも人生のチャレンジのひとつです。

問題を片づけるというのは、倒れてしまったものを起こすようなものです。何度倒れても、その度に根気よく起こすしかありません。問題が起こるたびに改善して、どうしても改善できないものはあきらめる。この繰り返しが人生なのです。

どんなに問題が折り重なっても、とにかく前向きに、いつか解決すると信じてください。災難に巻き込まれたこと自体を、いくら考えても変えようがありません。その時点でただ

ちに方向転換をして、いかに打撃を少なくするか、いかに早く回復するかを考え始めるようにしていきましょう。

運というのはタイミングですから、悪運とは悪いタイミングのことといえるでしょう。

自分がペースをすこしズラせば、悪いタイミングもズレて、すんなり事が運ぶこともあるのです。自分をペースダウンさせたり、ペースアップして生活のサイクルをコントロールしてみてください。

どんなにやっておきたいことがあっても、週末で必要な人が留守だったり、買い物に行ったら目当てのものが売り切れていたり、せっかく選んだレストランが満員だったり、というのが重なったりすることもあります。これくらいのことが重なったくらいで、悲劇の主人公になる人もいますが……思い立ったタイミングがズレているので、後回しにズラして、よいタイミングを待ち伏せしてください。

よい運の流れは、例えば車を運転しているときに、ずっと青信号で進めるような状態です。家を出てから目的地に着くまで、一度も歩行者信号で止まらず、電車もホームに下りたら止まっていて乗り換えがスムーズにできた、ということがありますよね。これは、運の流れがスムーズなときのサインです。

ときには最初から何をやっても衝突ばかりする日もありますし、そんなプロジェクトもあるでしょう。結局、障害によってリズムを遅らせないといけない結果になっているなら、いったん取りやめてペースダウンをするのがいいと思います。次に「進め」の運気が来るまで、一日二日、とりやめにして、何もしないでいると二日くらいで運気が変わって、いろんなことに気づき始めます。

やらなきゃいけないことを止めるわけにはいかないときは、泥の中を歩くつもりで、悪いものを燃焼するつもりで頑張ってください。その間、これがこうなっていれば、あのときあしていれば、これがないからイケナイんだ……と、気づいたことを修正すれば、悪い運はつきまとわないのです。**悪運の中にいるときは、いらないものを削り取るダイエットの時期です。**

問題を乗り越えるには、自分や、自分の置かれている環境の長所を最大限に活かすことが、その解決策の最強の糸口なのです。過去の経験や常識、形式にとらわれて、解決の道を遠回りしていることもあります。

身近にとりあえず助けてくれる人はいないでしょうか。助けを求めて片っ端から思い当たるままにあたっているうちに、最悪、誰も助けてくれなくても、即効性のある助言の一つや二つはもらえるかもしれません。それによって解決策に気づいたり、まわりまわって必要な人に出会ったりできるかもしれないのです。

そうやっているうちに、知識が増え、自分の才能や長所がさらに伸ばされていくのを感じることができるでしょう。どんな苦境に追いやられても、自分の底力に触れるチャンスだと思って根気よく取り組んでください。

悪運退散に効果があるのは「ポジティブなインスピレーション」です。

自分にインスピレーションを与えてくれる人に会ったり、そういう人が書かれたものを読んだりしてください。運気のよい人のペースに合わせることで、自分の運を整えることもできると思います。無理のない気持ちよいペースで生きている人と会ったり、規則正しく平静な生活の営まれている場所に行ったりして、自分の狂ったペースを整えるのも効果的だと思います。

今日は何をやってもダメな日だな〜、と思うくらい悪いことが重なる日でも、ポジティブなエネルギーがあれば、その日の終わりには、ほんの小さなこと、当たり前のことにさえ、ラッキー！　と思えるようになっているのではないでしょうか。何をやっても全滅で、その日の日付で郵便が出せただけでもラッキー！　タクシーが拾えただけでも奇跡！　なんて日もありますから。

そして、たとえ、ひとときでも問題がないときは、それに感謝して、じっくり「つかの間」の幸せを味わいましょう。

悪運にもいろいろあって、本当に悲惨な結果を招くものもあります。魂に「悪いことに巻き込まれそうなときは知らせてください。自分の行動を止めてください」とお願いしてください。アイディアと努力次第で不吉を吉に、そしてさらに大吉にできる可能性はいっぱいあるのですから、不運だといってすべてを投げ出さないで、タイミングをはかって運の逆転をしてください。

人生は必要なことを教えてくれます。敏感にキャッチして不幸を避けてゆきましょう

詐欺にあったり、助けるべきでない人を助けてしまったり、人に利用されてばかりだったり、知らないうちに操られていたり、自分にとってよいものと悪いものの区別がつかなかったり、損をさせられているのに何も言えなかったり、悪事を指摘できなかったり……なぜ人は、悪い方向にどんどん進んでいるのに気がつかなかったりするのでしょう？

欲とか期待、妄想にかられて、ということならまだしも、ただ単に、そんなことになるなんて想像もつかなかった、自分を騙（だま）すような人に出会うと思わなかった！　本当にこんな悪いやつがいるなんて想像もできなかった！　という自分の無知が原因のケースもかなりあるようです。特に、好きな相手とか、ある程度信用のある人の紹介とか、自分自身心細い気持ちでいっぱいのときなどは、自分の無知さにつけこまれていても、全然わからなかったりします。

わかっていて騙され続けるケースもあります。自分から悪いことに身を投げ出していくようなことをしてしまうのは、どうしてなのでしょう？
直感が「あれ？　おかしいぞ」と知らせることがあっても、意識の声が「大丈夫だろう」と言ってしまって、悪いことを避けられない場合があります。
いったん悪い選択を決め込んでしまったら、それを変えるのは、本当に難しいものです。結局はとことん悪い経験をするしか間違いに気づかない場合もあります。

生まれてこのかた経験したことがないことは、どうしても、自分には縁遠いものだと思いがちです。もちろん必要のない苦労をしろとは言いません。ただ、経験がないゆえの無知さが自分の弱点になってしまうところは何か、を知ろうと努力したほうがいいと思うのです。それについて自分で考えたり、信頼できる人に意見を聞いてみたりしてください。

人生は自分に必要なこと全部を、何らかのかたちで気づかせてくれようとします。そのメッセージを、日々の生活からすくいあげて学んでいきながら、完成度の高い人間になっていくのです。私たちは人間関係のいざこざや、忘れ物、失ったもの、損や得、小さな失敗などを繰り返しながら、自分が正しく生きるには、どうしなければいけないのかを知らされます。あっちにぶつかり、こっちにぶつかりしながらも、どんどん行動して、自分が今まで気がつかなかったことを知っていくのです。

しかし人生のレッスンは必ずしも優しいアプローチではありません。残酷な経験ほどインパクトが大きくて、自分を根こそぎ変えてしまうほど影響することもあります。肉親や知人の死、金銭トラブル、病気など、自分を打ちのめすほど、大きな打撃を経験して初めて自分がどうあるべきか気づくこともあります。

愛情いっぱいの思いやりある人に囲まれて育ったら、冷酷で自分さえよければいいタイプの人の気持ちがわからないでしょうし、何不自由なく育った人は、貧困や病気で苦しんでいる人の気持ちを本当に理解するのは難しいでしょう。

家族同士の間でも、お互いを利用し合うばかりのような関係の中に育った人には、本当の意味での自立とか思いやり、助け合いがどんなものか、わからないかもしれません。親に殴られて育ったら、それが悪いこととわかっていても、自分も同じように暴力を振るってしまったりするかもしれません。自分ひとりで何でもやってきたせいで、人にうまく頼ることができない、という人もいます。

私たちは誰でも多かれ少なかれ知識や経験が偏っているのです。自分の親が教えてくれることだって偏っていますから。

ですから自分はどう偏っているのかを知って、先生や恩師、または友人など、親以外の親のような存在の人を見つけて、自分にないものを学び取って、バランスをとるようにしないと、その欠けている部分につけこまれるようなことが起こってしまって、大きな痛手を受けてから、自分の知るべきことにようやく気づかされたりするのです。これも人生で、それによって魂が磨かれることは確かですが、できれば自分の偏り具合や弱点、欠点を早くから知って、何かの事件に気づかされるようなことを避ける努力ができたほうがいいですよね。

本当の自分……
それは、すべてを捨ててから見えてくるものです

本当の自分というのは、一生かけて掘り出していくものです。

この世に生を受けてから、一人前にひとりで生活ができるようになるまでの間は、親や周囲の人々の影響、習慣、環境を与えられるままに受け取って、その中に自分が埋もれているような感じです。自分にとっていいことも、悪いこともよくわからなかったり、興味本位や周囲の影響で自分に悪いことをしてみたりすることもあるでしょう。自分の住む環境を選ぶこともできません。

誰かに「あなたはこういう人」と勝手な評価をされたのを信じ込んだり、親に言われるがままの人生を歩んでいるために自分が見えない人もいますし、その時々の状況に流されるように生きて自分が見えない人もいます。

旅に出たら本当の自分が見つかるとよく言いますが、「自分探しの旅」というのは、環

境を変えて、慣れ親しんだ日常を離れ、自分の中の常識や習慣、行動思考パターンをいったん捨てて、さらにそれを再構築するという作業です。旅をすることで魂の震えるような感動があったら、眠っている魂が自分の古い殻を突き破って起きてくるのではないでしょうか。

ですからひとり旅をすることをおすすめします。日帰りでもかまいませんから、ひとりで考える時間と、ひとりで新しい環境や物事に触れるチャンスをつくるのです。慣れ親しんだ場所を離れて、家族や友人、いつもの生活の流れなど、それまで自分を当然のように支えていたものから離れて、いつも自分を囲んでいるものがすべてない状態で、自分だけと向き合います。

そして、自分が習慣で凝り固まっている部分はないでしょうか？　さらに、自分の想像を超えた発見を求めてください。驚きに刺激されて、自分の視野を広げて、新しいことに臨機応変に対応しながら、自分の性質や考えを見直してみましょう。自分はいざとなると、どんな行動にでるのでしょうか？

親元を離れないと自分が見えないとも言いますが、どんな規模でもいいですから、自分ひとりを見つめる旅を重ねないと、自分は見えないということなのでしょう。

本当の自分は、いらないものを全部捨てて、最後に残る自分です。

たくさんのチャンスや可能性の中で、結局何を選ぶかということには、自分がよく現れていますよね。「これだけはできないよ～」と感じるときにも自分の正体が出ています。

素の自分でいられれば、いらないものに振り回されたり、無駄に迷うことがなくなるので、精神的に自由で平和です。自分と全然違うタイプの人のエネルギーに巻き込まれることも、無理に合わせようとして疲れることもなくなります。

まわりの人みんなに合わせようとか、納得してもらおうとか、喜んでもらおうとか、そんな気持ちが強すぎて、自分を振り回してしまうこともなくなるでしょう。

本当の自分がわからなくなって困ったら、遠出をしたり、旅に出たりしてみてください。自分の現実から離れてみれば、その中でどうしても欲しいもの、それほど未練がないものが見えてきます。自分の本当の気持ちがわからなくて決断できないことがあったら、特急電車にでも乗って、自分の住んでいる地域から離れた場所に向かいながら、そのことについて考えてみます（自分で運転しない乗り物がいいのです）。それが絶対自分になければならないものなら、「やっぱり引き返そう」という気持ちになるはずです。

コラム　本当の自分を掘り当てるために役立つ自問集

不変の自分を知るための基本的な質問をさせていただきます。自分に向き合ってみてください。

今まで知った人の中で（直接でなくてもかまいません）、尊敬する人を5人あげてください。その共通点は何ですか。

お金とチャンスと時間が与えられて、これで世の中に貢献することをしてくださいと言われたら何をしますか。

今の生活の中で、世の中に貢献するには何ができるでしょうか。

自分が得意なことは何ですか。それを活かせる職業は何でしょう。

自分が苦手なことは何ですか。それを克服する方法は何でしょう。

自分が苦手なタイプの人はどういった人ですか。
身近な人で言えばそれは誰ですか。
その人のどういうところを変えてもらいたいですか。
自分では同じようなことをしますか。

どんな人を助けてあげたいと思いますか。それはどうしてですか。

どんな人が最も不幸な人だと思いますか。それはどうしてですか。

どんな人が最も幸せだと思いますか。それはどうしてですか。

どうしようもなく腹がたつときというのは、どんなときですか。

自分の障害になっている性格は何でしょう。

自分の障害になっている体質とは何でしょう。

自分の障害になっている人は誰でしょう。

自分の障害になっている社会とそのシステムとは何でしょう。

自分の障害になっている環境とは何でしょう。

これらの障害を自分の長所で補うとしたら、何ができますか。

これらは、自分にポジティブな発想を与える要素、ネガティブな発想を与える要素について把握していくためのものです。

「自分は嬉しいときはこんなことを考える、本当はこうありたいと思っている」といったような、「ポジティブなときや好調なときの自分や理想の自分」と、「困難に追い詰められたらこんなことを考える」という、「ネガティブなときの自分や不調なときの自分」を知って、それらのバランスをとる方法、自分らしく解決する方法などが総合されたものが理想の自分です。

そして、自分の性質の限界を知っていれば、自分を破壊するまで無理することもなくなると思うのです。

人生の完成予想図を描いてみてください

自分の人生の完成予想図を描いたことはあるでしょうか？

今までの自分の人生に欠けているものは何で、どうすればそれを満たすことができるでしょうか。自分がより完全になるためには何が必要なのでしょうか？

人生の完成予想図を描いて、その半分は自分が、残りの半分は自分のパートナーが提供するとしたら、どんな人をパートナーとして迎えないといけないでしょうか？


人生なんて、いつ、どこで、どうなるかわからないものだから、そんなことは考えても無駄だと思われるかもしれませんね。しかし自分を知って、自分の将来を夢見て計画できるか、まったく無計画に行き当たりばったりで生きるかでは、やはり生きるうえでの視野や発見が違ってきます。きっと人生の満足度や魂の満足度にも違いが出てくるのではないでしょうか。もちろん将来を計画したところで、その通りに実現できるとは限りませんし、どんなに綿密に計画しても途中で災難にあって計画が台無しになることもあります。でもそれを恐れずに自分の人生の完成予想図を描くことをおすすめします。紙の上に書く必要はありません。でも頭の中で常にアップデートしていきながら、自分の成長とともに、どんどん書き足していってください。

完成予想図は、最終目標から逆算していくほうが、想像しやすいと思います。絵を描くときのように、輪郭からとっていくのです。自分の夢なので、自分の好きなようにイメージしてください。

例えば、どんな家でどんな暮らしをしたいとか、そういったことから始めてもかまいません。自分が夢見る暮らしを思い描いてください。仕事のことも私生活のことも、どんな人になりたいのかなど、自分の人生に取り入れたい要素全部について考えてください。

空想のうえではどんなに欲張ってもかまいません。自分の理想の家はどこにあって、どんな環境で、値段はいくらで、そのお金はどうやって作るのか、今の自分の稼ぎはいくらで、実際必要な額とのギャップはどれだけあって、それはどうやって埋めるのか、やりたい仕事は何か、今の生活の延長線上にそれがあるのかどうか……。

完成予想図を描くにあたって、いい仕事があって、家族に恵まれて、家があって、車があって、貯金があって、理想の体重で、健康で、などといったことは、すぐ思いつくかもしれませんが、そういったものでは埋められない部分にも注目してください。特に親との関係で欠けている部分と、今までに負った精神的な傷が、満たされて、癒される状態でないと、「完成」していかないのです。

より完全に近い自分は、自分の中の物足りない隙間のようなものがなくなった状態で、いろんな意味で満足できて幸せです。自分以外の誰かのために、社会のために何か貢献していこうと思える余裕が出てきたり、「もう何もいらない」と漠然と思えたり……。そんな心境に到達するのに財産のあるなしは関係ありません。自分がどうやったらそんな心境になれるかを予想して、自分の人生の完成予想図にどんどん描きこんでいってください。

そして最も大切でチャレンジングなのはパートナーです。基本的に人間はひとりでいるよりも、自分の足らない部分を補足してくれるパートナーがいたほうが、より完全になれるのです。自分なりに欠けている部分を知って、自力でそれを満たす努力をして、そこからさらに自分を完成させてくれるような人に出会って、その人と生涯をともにしながら、完成度の高い人間を目指した軌道に乗って生きていくのが理想的です。

この予想図があれば、達成率がどうであれ、一生目標を持ち続けられるのは確かです。それにより完全な自分も見えてきますし、本当に見つけるべきパートナー像も、わかってくると思います。行き当たりばったりで夢のような生活を手に入れた人の話を、自分にあてはめるわけにはいきませんから。そういうケースは成功例よりも失敗例のほうがはるかに多いものです。完成予想図はあくまでも予想図ですから、それを基に努力をしているうちに、それをはるかに超える人生を生きることになるかもしれませんよ。

多少違う人生になっても、完全に満たされることを目標にして、前向きに努力をしていく指針を自分で持っていることに意味があるのです。その生活を続ければ、自分はどんどん完全に近くなっていくであろうと予想されるような、生活を思い描いてください。自分以外の誰かの人生を真似しようとするのではなくて、自分の人生は自分でつくっていかなければならないのですから。

おわりに

子供の頃から、私がずっと追いかけてきた、肉眼では見えないビジョンや、実際に聞こえない声など、今まで大変私的なものとして自分の中に留めるつもりでいたこと、私にとっての大切な生活のエッセンスを、こうして本にすることができたのは、「魂」というキーワードに敏感に応えてくださった読者の皆さんが、私の心の扉を開いてくださったからです。

この本に書いたことは、とても基本的なことです。こういう単純なことは毎日続けて極めていくのが難しいのですが、幸せを感じられないとか、自分に明るさが足りないとか、元気がないときに、まず最低限本文に書いてあるようなことを真剣にやれば、誰だって、とりあえず自分の感性を健康なレベルに持っていけると思います。

今すぐ幸せになりたいなら、自分の幸せを予知して、まっすぐそれに向かって生きればよいのです。

例えば、大きな声で歌が歌えるようになりたかったら、本気で大きな声で歌うしかありません。変な声が出たり、喉が痛くなるのを気にしたりして、おそるおそる練習しながら、「いつか大きな声になりますように」と望んだところで、決してそうはなりません。体当たりで実感して学ぶしかないのです。幸せをつかむのも同じことです。

いつか幸せになるんじゃなくて、今すぐ幸せになるのです。どんなドン底にいても、次の一歩は幸せの第一歩なんだ、と考えるべきだと私は信じています。

今回も多大なサポートをくださった編集担当の手島さん、そして小澤社長をはじめ青春出版社の皆様に深く感謝致します。本という、とてもアナログな媒体は、読者の皆さんに届くまでの間にも、たくさんの人の魂のフィルターを通って、その感性や霊性をどんどん吸収しながら、ドラマチックな旅をしていることを目の当たりにして感動しました。文章だけでなく、行間に、カバーに、オビに、紙に、私の頭の中から始まって書店に並べられるまでの過程において、関係者皆さんの魂がギュ～ッと塗り込められていることも感じていただけたらと思います。

最後に…… Thank you to my husband Ken for your constant love and support, Mom Claire and her dog sister Maggie for your love and laughter, My Mom and Dad in heaven for their continued strength and inspiration. I love you all !

原田真裕美

著者紹介

原田真裕美 大阪出身。7歳で父親の死を予知した時から、予知能力、霊とコンタクトする能力、過去や前世を透視する能力などに気づく。87年に渡米した頃、サイキックとしてセッションを開始。ニューヨークを拠点に世界各国からの依頼を受けている。

未来や過去の出来事を詳しく視つつ、その人の人生の出来事の意味を分析するセラピー的な効果があるリーディングが特徴。心や身体の痛みを癒したり、集中力を高め、直感を強くするヒーリングも行っている。

シンガー・ソングライターとしてNYを拠点に活動しながら、数々の有名J-POPアーティストのボーカル・トレーナー、ボーカル・プロデューサー、ソングライターも務める。

初の著書『自分のまわりにいいことがいっぱい起こる本』はベストセラーに。

ホームページ：www.mayumiharada.com

幸福純度100%の自分を生きる本

2005年4月10日　第1刷

著　　者　原田真裕美
発 行 者　小澤源太郎

責任編集　株式会社 プライム涌光
電話　編集部　03(3203)2850

発 行 所　株式会社 青春出版社
東京都新宿区若松町12番1号 〒162-0056
振替番号　00190-7-98602
電話　営業部　03(3207)1916

印　刷　堀内印刷　　製　本　誠幸堂

万一、落丁、乱丁がありました節は、お取りかえします。

ISBN4-413-03529-1 C0095